発達障害の子の
子育て相談

1

思いを育てる、自立を助ける

明石洋子 著

本の種出版
bookseeds

はじめに
――障害者で公務員の息子を育てて――

現在44歳になる、知的障害のあるＡＳＤ（自閉スペクトラム症）の長男、明石徹之《あかしてつゆき》の母です。障害があるといわれた当時は、将来働けるなんてあり得ない、働かせるなんてかわいそう、また障害者が安心して生きる場（幸せの青い鳥がいる場）は入所施設しかないと思っていました。しかし、そんなことはありません。幼児期も学齢期にもまったく想像もしませんでしたが、今、彼は川崎市の職員として働いています。

公務員になったからといって、障害が治ったわけではありません。知的障害のあるＡＳＤのままです。今も、首を振り振り独り言を言いながら飛ぶように歩いています。それが彼です。たまに黙っていると、近所の方は「今日の徹之さんは黙って歩いているけど、どこか体の調子が悪いの？」と心配されるくらいです。奇異な行動をして皆と違っていても、まわりが「違いを認め、違いを楽しむ」環境になれば、障害があろうと自分らしくあたりまえに生きることができると思います。日本中が「ＡＳＤでオーケー」の世の中になってほしいですね。

今の徹之があるのは、本人をいちばん知っている（と思っている）私が地域とのパイプ役になって、彼を「知って、理解して、支援する人を、一人でも多く」と、地域の中に支援の輪を広げることができたからだと思います。多くの支援者のおかげで、彼は、自分の人生を自分で選んで（自己決定して）、前例のなかった高校生にも公務員にもなれました。「働いて楽しむ」ことができ、個性豊かな楽しい人生を今も歩んでいます。そして親の私は、「ハプニングは感動の源」と、「ハプニングがトラブルにならないように」かかわり方を工夫しながら（これが今でいう「合理的配慮」ですね）、日々変化に富んだ人生ではありますが、「人という財産」をたくさんもらい、充実した人生を送っています。微々たる成長にも、健常児であったら味わえなかったであろう感動を実感して生きています。かかわってくださった多くの方々に心より感謝して……。

障害児のままでも、障害者の親のままでも、笑顔いっぱいの有意義な幸せな人生を送ることができますよ。障害児と診断されて「不幸な子をもつ不幸な親」と絶望した昔の私がまったく嘘《うそ》のようです。今、「不幸な人生」と思い悩んでいるあなたも、心のあり方次第。きっと幸せな人生がやってきます。

この本では、「前例がない」と拒否されながらも、社会的障壁を取り除き、当時の療育や教育の基本的な方針と違った逆転の発想をして（たとえば「こだわりを取り除きなさい」といわれ取り除けず、「こだわりを利用しよう」へと発想の転換をして。今はそれが主流・基本的方針となりうれしく思います）、試行錯誤しながらの子育ての実践や、ボランティアで立ち上げた「あおぞら共生会」（現在は社会福祉法人）の運営を通じて、私が学んできたことを基礎に、Q＆A形式でお話ししたいと思います。

「障害者の権利に関する条約」を批准して、今は福祉のキーワードになっている「合理的配慮」や「意思決定支援」ですが、これらの言葉が法律になる前から、この考えを実践してきていたように思います。それがこの本のタイトルにもなっている「思いを育み、思いに寄り添う」ことや、「自己決定を尊重して自立を助ける」ことですね。「意思決定支援」という用語を知らなくとも、本人を知り、「何に困っているか」を探り、理解し、「困らないためにどう支援すればいいか」を考えると、おのずと合理的配慮や意思決定支援をするようになります。

「思いを育て、思いに寄り添う」を子育て方針に据え、「地域」と「本人主体」を基礎に、「できることより幸せになること」を目標にしてきたことで、今の徹之がいます。障害があるままでも自分らしく生きていけるよう、「違いを認め、違いを楽しむ」環境に日本全体がなるよう、ともにがんばりましょう。

２０１７年８月

明石洋子

発達障害の子の子育て相談①
思いを育てる、自立を助ける

もくじ

先輩、相談です。思いとスキルを育てる

発達障害の名称について

本書では、発達障害の名称を次の略称で表しています。

- 自閉スペクトラム症／自閉症スペクトラム障害（Autism Spectrum Disorder）→ASD
- 注意欠如多動症／注意欠如多動性障害（Attention-deficit/Hyperactivity Disorder）→ADHD
- 学習障害（Learning Disabilities）→LD

ありのままに地域で生きる

先輩、相談です。

先輩、相談です。

ありのままに地域で生きる

2歳 男子

ASD

在宅

1 障害があるのに、実り多い人生をと願っていいのでしょうか

ずっと何かおかしいとは思ってきましたが、いざ障害といわれると、将来の夢がすべて否定され、何の希望もないような気になります。日々泣いたり笑ったり、変わらず生き生きとした子どもを見ると、少しでも実り多い人生をと願いますが、はたして願ってもいいのでしょうか。

もちろん、願っていい！

障害があろうとなかろうと、人として誰でも幸せで実りある人生を願っていいのです！「憲法（日本国憲法）」は誰でも幸せになる権利を保障していますね（第13条には、人権一般、幸福追求権があります）。

たとえ障害があっても、幸せな人生は実現しますよ。私はあきらめずに願い続けていたら実現しましたもの。「医学モデル」の視点、すなわちできないこと（障害）を嘆くのはやめましょう。「できること」より「幸せになること」を人生の目標にして、環境整備をしたいものです。障害というマイナスの認識を変えること

（啓発）をして社会的障壁を除きましょう。これが、WHO（世界保健機関）のICF（国際生活機能分類。p11コラム参照）でもいう「医学モデルから社会モデルへ」というわけですね（p35コラム参照）。

将来を悲観し落胆した頃…

40年以上前、私たち夫婦も「優秀な子が生まれる」と思っていた長男徹之《てつゆき》が、障害児と診断された2歳10か月のときは、「不幸な子をもつ不幸な親」と、将来を悲観し、落胆しました。そして、息子の将来像を知りたく養護学校（当時）や入所施設を見学しました。当時は「集団適応」（本人の社会適応訓練）が指導方針だったようで、坊主頭に同じユニホームや帽子をつけさせられ、画一的で管理的な指導が行われていました。「言葉ではわからないので体で教える」と豪語する職員もいて、まるで動物を調教しているかのよう。入居者は日々叱られているのか皆表情が乏しく、特に目はおどおどと希望の光が感じられませんでした。他人の指示で動くロボットのように毎日同じ生活、たまに地域の人が来て交流はあるそうでしたが、外部遮断も多かったのです。山奥の広い施設、体育館やプール、また光が燦々《さんさん》と降る園庭もありましたが、どの建物にも（複数が同居の居室にも）鍵がかけられ、立派な施設も入所者は自由には使えません。

お話を聞けた親御さんの話では、「問題行動が多く、地域での生きづらさを感じ

ている（また地域からから追い出された）」とのこと。子育ての楽しさどころか「大変さ（不幸）」の度合いをむしろ競い合ってお話しされ、私は「障害は不幸なのだ」と実感したものです。

今の悲嘆が、いつか笑い話になるように…

そのわが子はもう44歳ですが、彼の人生、「決して不幸ではない」とはっきり言えます。今も障害があるままですが、主体的なとても幸せな明るい人生を歩んでいます。定時制高校時代、クラスメートから「楽しそうでうらやましい」と言われたものでした。そして障害児の親である私は、不幸どころか、今、幸せな人生を実感しています。かつて子殺しをしようと思った出来事も（13参照）、今では「あんなこともあったね」と笑い話のように話ができています。

今、いちばんつらい、厳しい時期を過ごしている人もいるかもしれません。でも、暗い夜は必ず明けます。いつか、私のように笑い話になるかもしれませんから、発想を転換して、がんばっている自分をほめて、逆境をはい上がってください。

健常児の親より幸せの実感は大！

私の今は、あいかわらず変化に富んだ日々ですが、「ハプニングは感動の源」と思って生きてきましたので、感動をいっぱいもらって、有意義な楽しい日々を送っています。今もハプニングがトラブルにならないようには配慮（合理的配慮）をしていますが……。「あたりまえが、あたりまえでなくなったとき」に、はじめて目に見えないものも見え、多くを学べるようです。健常児だったらあたりまえのささやかな成長、たとえば「ママと言えた」（4歳）や「待ち合わせできた」（17歳）なども、大きな喜びと感じました。健常児の親より、より幸せを実感できたように思います。苦労することで、はじめて充実感も得られるのではないでしょうか。

今、はっきり言えます。「障害は不幸ではありません！」

コラム

ＩＣＦ（国際生活機能分類）

ＷＨＯ（世界保健機関）が2001年に採択した、障害に関する国際的な分類。それまでのＩＣＩＤＨ（国際障害分類）の改訂版として採択されました。

心身の障害だけに焦点を当てるのではなく、生きることの全体像を「生活機能」ととらえて、活動制限や参加制約が起こる要因を、環境因子と個人因子二つの背景因子にも求めるところに特徴があります。

コラム

「僕は明石徹之。どうぞよろしく」

皆さんこんにちは。僕の名前は明石《あかし》徹之《てつゆき》。１９７２（昭和47）年11月29日生まれ。現在44歳、川崎市の公務員です。明るく元気に働く大人です。２０１７（平成29）年6月末で24年、今25年目です。清掃局、健康福祉局（多摩川の里、長寿荘）のあと、現在は建設緑政局・夢見ヶ崎動物公園で働いています。

僕が働いている様子がＮＨＫのドキュメンタリー番組になりました。１９９９（平成11）年11月総合テレビ『笑顔で街に暮らす』と、２０００（平成12）年2月ＢＳ『お仕事がんばります』が日本中に（世界にも）放送されました。２００５（平成17）年8月には『生活ほっとモーニング』に50分間生出演しました。

韓国放送公社（ＫＢＳ）のスタッフが日本に来て、60分番組の日曜スペシャル『幸福なレインマン、走って世の中に』も作られました。韓国で放送後、韓国の方々から感想だけでなく、視察団も来て、あおぞらハウス*など見学されました。韓国では、お母さんの3冊の本の翻訳のほか、僕が主人公の漫画も、3巻

勤務中の僕（左：長寿荘、右：夢見ヶ崎動物公園）

出ています。

2013（平成25）年、中国でも3冊の翻訳本が出版されました。

アメリカや韓国や中国にも講演に行きました。

2015（平成27）年10月1日、幕張メッセ国際会議場での日本弁護士連合会の全国大会「人権擁護シンポジウム」で「ありのままに、あたりまえに、地域に生きて」と題して、僕は講演しました。「意思決定支援」がテーマだそうです。

休日の僕（左：お祭りで、右：パントマイムのピエロ）

「お仕事がんばります」という番組のタイトルどおり、僕は汗水流して働いて人のお役に立つのがうれしいです。働いてお金をもらうのもうれしいです。働いたお金は僕の好きなものを買ったり、旅行や趣味に使います。働いたお金を、自分の趣味や楽しみに使えるのがうれしいです。

次の僕の夢は、結婚して「明石徹之ファミリー」をつくることです。子どもの名前も決めていて、「明石まいこちゃん」と守くんのお母さんを探してください」と、お母さんに頼んでいます。僕は結婚をしたいです。「お仕事がんばります」の次は、「結婚がんばります」。皆さん応援してください。

これからもお仕事がんばりますので、「隣で暮らしてもあたりまえ、隣で働いてもあたりまえ」の、共に生きる社会になるよう、どうぞよろしくお願いします。

＊社会福祉法人あおぞら共生会が運営する地域活動支援センター

先輩、相談です。

ありのままに地域で生きる

4歳 | 男子

未診断

幼稚園に在籍

2 夫と子どもの祖父母が障害と認めず、受診に反対します

巡回で園に来た先生に「発達障害の可能性があるので一度調べてもらっては」とアドバイスを受けました。確かに、遊びに入れなかったり、道順にこだわりがあったり、極端に忘れ物が多かったりします。障害なのかと思うと納得でき、ある意味ほっとしました。でも、夫と子どもの祖父母が断固違うと言い、受診に反対します。

接している時間の長さ、密度の違いのせいかも…

「なんで私が○大に」という予備校の車内広告があります。その広告をはじめて見たとき、「なんで私が障害児の親に」と悲嘆にくれた昔の私を思い出しました。「なんで私が……」と私自身が思っているときは、障害児のわが子を認めていないのですね。そんな私が人を納得させるのは難しい。私はそこからのスタートでした。わが子を愛するには、障害のあるがままの徹之《てつゆき》を認めなくてはなりません。どのように認めていけたかをお話ししましょう。

私の夫も、郷里福岡にいる私の両親も、徹之の障害を認めませんでした。日々一

緒にいる母親のほうが、早く気づくのは当然といえるのかもしれません。接している時間の長さ、密度が、格段に違いますから。息子が2歳の頃から私は「なんだかおかしい」と思って、私の母に川崎から何度も電話で相談しましたが、「孫が障害児であるはずはない」と思っていたのか、母は「そんなことを心配するからいけないのよ。神経質にならないでおおらかに育てなさい。障害なんて思うことがおかしい」と、断固、障害を認めませんでした。

夫の母は息子が1歳になる前に亡くなっており、夫の父や兄弟姉妹に話したのは、息子が学齢期になって隠しきれなかったからで、夫の親戚にはなかなか話せなかったですね……。

息子の最初の診断名は「アンティピカル・チャイルド」

徹之を専門家に診てもらったのは2歳10か月、次男（徹之の弟）のお産で実家に帰ったときでした。3か月の滞在期間中、息子と日々つきあった両親は、3人の子を育てた経験から「何かおかしい」と認めてくれて、母の勤め先の保健所に巡回で来ていた大学病院の小児科の医師に、（プライベートに）息子を診せたのが最初です。

その後正式にテストなどを行い、言語性と動作性のテストの値の極端な乖離《かいり》があったようで、「アンティピカル・チャイルド」（非定型発達児）という診断名を出されました。あとで尋ねたら、当時はＡＳＤ（自閉スペクトラム症）について「親の

子育てのまずさでなった（心因性）」という誤解があり、また、ＡＳＤの治療法も支援方法もない現実に対して、母親にこの病名で伝えるのは酷と思われたようです。

　これからの子育てで配慮することとして、①スキンシップのある遊びや手遊びなどを多くすること、②言葉を発するために、実物や絵や写真等に名前があることを教えるよう、日々言葉かけを豊富にすること、③模倣の対象が必要なので、同年齢の子どもの集団に入れること、などのアドバイスを受けました。

診断は正確な状況を知るために必要

　夫は息子の障害を認めなかったので私は川崎では受診できませんでしたから、実家の母の知人の医師に診てもらえたのはラッキーでした。息子を連れて母の職場に遊びに行くような感覚で、抵抗なく行くことはできました。しかし、プレイセラピー・ルームで検査を受けたときは、私の母性をテストされているようでつらかったですね。私が遊んであげようとしても息子はまったく喜ばず、部屋から出たがって、検査にのらず自分勝手な行動ばかり。私が呼びかけても知らんぷりで、まったく甘えるしぐさをしないのを、「母性失格」のように思い、とても恥ずかしく悲しく思ったものでした。

　相談のお母さんも、夫の反対を押し切って病院に行くのは勇気がいりますね。反対されなくても、診断を受ける場面のつらさを考えると、お母さん自身も躊躇《ちゅうちょ》したくなることでしょう。でも、早期にお子さんの正確な状況がわかるのは大事です。もしかしたら間違いかもしれませんし、もし本当に障害だったら、わけのわからない行動に対する不安感やむなしさが、「障害に原因があったのか」と謎が解けるかもしれません。何より、お子さんの困っていることへの理解と、適切な支援を教えてもらえますから、診断は受けましょう。それに、今は「子どもの状況は親が育児に失敗したからではない」と医師がまわりに伝えてくれますから、一人で悩まなくてもよくなります。

障害はなかなか認められないもの…

私の夫の、診断後の受け取り方をお話ししましょう。

息子が「アンティピカル・チャイルド」と診断されたのち、夫はそれが障害だとは認めませんでした。夫はたぶん「ほかの子と違う」とは感じていたようですが、それは「障害」でなくむしろ「天才」と思っていたようでした。「こだわりがあるからこそ天才。一つのことにこだわるぐらいの性格が一つの専門領域を極めるには不可欠で、こだわってこそ真理が発見できる」と、研究者にしたいので「徹して行う子」と命名した徹之の「特性・個性」と喜んでいるところさえありました。

今でこそ発達障害者の代表といわれる、エジソンもアインシュタインも、人に関心がない人だったようで、4歳まで話せなかったようです。こだわりが強く人に関

心がなかったこの二人の天才の伝記を読んでいて、言葉の遅れが共通していることを知っていた夫は「男の子だから言葉の遅れはある」と、4歳まで言葉が出れば天才になるかもと、障害児とは認めませんでした。実際、わが子が障害（ＡＳＤ）児と診断されて喜ぶ親はいないでしょう。私も、ひたすら「間違いであってほしい、朝目覚めたら普通に言葉を話していてほしい」と願ったものです。

苦悩とがんばりの果ての診断に、ほっとする

ただ、社宅の庭で同年齢の子ども（同学年になる子が9人もいました）と違って、息子は私に甘えることも後追いもしないし、危険もわからず、言葉もなく、ただ黙々と一人遊びをするだけで、ほかの子どもたちとの違いは明白でした。私だけわが子をうまくしつけることができず、子育てに自信をなくし苦悩していました。「母親を母親とも思わない」日々の生活はつらいですね。悩み苦しみの毎日を誰にも理解してもらえず、孤独感と絶望感で危機的なときもありました。それゆえ診断されたときは、「うまく子育てできないのは私のせいでなく、障害があるゆえだ」と自責の念から解放され、ほっとしたのを覚えています。

相談のお母さんも、一人悩んで「非難されないよう、ちゃんと育てなくては」と肩肘を張ってがんばっておられることと思います。夫など「迷惑をかけるなら外に出すな。障害が治ってから出せ」と言ったくらいですから、「健常児にしよう、障

害を治そう」とがんばった時期は厳しくつらいものがありましたね。でも、障害をありのままに受け止め「障害があるままでいい」と考えたら、肩の力が抜けて、子育ても楽しくなりました。障害を治そうとがんばらなくてもいいのです。

父親ならではのつらさもあるのかも…

しかし父親は、障害児といわれて、大変なショックを受けるようです。ASDは男子に圧倒的に多く、しかも期待していた長男であれば、父親は母親とはまた違った苦しみが存在するようです。競争社会、夫は職場でも大事な時期であり、家族の生活を支えるために企業戦士でいましたから。また九州男児で「子育てや教育は母親」との認識をもっていましたから、自分も子育てに悩まなくてはならないのかと、なおさら負担感が増したようです。わが家のドキュメント番組『笑顔で街に暮らす』の中で、夫は「この苦労がいつまで続くのか、一生続くのではないかと、失意落胆した」と、当時の自分の気持ちを振り返って話しています。

毎日わが子とかかわりながら、成長（変化）させることができる立場のことが多い母親より、見守るだけしかできない父親のほうが、本当はつらいのかもしれませんね。しかし、父親の協力なしでは、一貫した子育てはできません。祖父母も同居ならなおのこと、家族全体が、障害を正しく理解して、一貫性をもった対応（育て方）をしてほしいですね。

先輩、相談です。

ありのままに地域で生きる

3歳	男子
ASD	
保育園に在籍	

3 子どものためには自分の人生をあきらめるべき？

息子がＡＳＤ（自閉スペクトラム症）と診断されました。医師からは、児童発達支援センターでの療育や、親の会での活動を勧められています。もちろん、子どものために療育も受けたい、親の会にも入ってみたいとは思いますが、現状では時間がとれません。私は自分の人生をあきらめ、仕事を辞めるしかないのでしょうか。

子どもも自分も「自分らしく」

仕事を辞めることはないですよ。お子さんに障害があるから好きな仕事を辞めたとなると、あとで「仕事を辞めて療育に専念したのに」と、「のに」が出て、それが愚痴になってしまいます。それはお子さんにとって、二重の負担になるでしょう。お子さんがお子さんらしく生きるためには、親御さんも自分らしく生きて輝いていないといけませんね。

障害のあるなしに関係なく、自分らしく生きるには「○○したい」が保障されてはじめて可能になります。お母さんが「働きたい」と思うのなら、それを保障する

制度は、今はたくさんあります。

私は薬剤師の資格をもっていたので、息子が保育園に入ってからは、週何時間のパートで薬局で働きました。そのときの私の人生の主活動は薬剤師で働くことでなく、地区の社会福祉協議会にボランティア登録して、障害当事者と出会い、支援しながら「障害とは？　福祉とは？」などを学ぶことでした。薬剤師の仕事は保育園入園の措置条件を満たす範囲で勤務し、ボランティア活動に精を出しました。

障害児だったおかげで働き続けられたという事情…

「男は外で働き、女は家を守る」という旧態依然とした考えの夫は、「女が働くこと＝共働き」はいやがっていました（社宅の母親たちのほとんどが専業主婦）。幼稚園をすべて断られた息子が、子どもの集団の保障のため、保育園に入ることになって、夫は私が働くことを認めざるを得なくなったのです。

私は息子が障害児であったおかげで、働くことができたのです。その意味では、彼の障害に感謝ですね。彼が障害児でなかったら、私は薬剤師として働いていなかったかもしれません。息子が保育園に入る4歳のとき、「障害児」は措置からまったく除外で、「母親の就労」が措置条件だったおかげで、週何回かのパート薬剤師として働くことができ、中学校2年生からは、毎日数時間勤務の契約社員として、その後息子が公務員で働くようになってからはフルタイムの管理薬剤師として働い

ていました（60歳まで）。

自分の経験から、母親が働くことを私は大いに勧めています。子どもとのかかわりは「時間でなく密度」だと思っていますので、一緒にいる時間は大切にして子どもの気持ちに寄り添って過ごせばいいのです。

健常児でもかかわる人の情緒的な影響を受けます。まして、状況判断が不得手な特性をもつＡＳＤ児には、安定した温かい一貫性のあるかかわり方は不可欠です。仕事が楽しくて、または忙しくてと、子どもとのかかわりをおろそかにすることだけはないように心がけてくださいね。

個人としての活動が自己肯定感を高める

多くの女性の人生は、結婚したとき「○○さんの奥さん」で、子どもが生まれたら「○○ちゃんのお母さん」と言われますね。障害福祉の世界では長く常に「○○ちゃんのお母さん」になっています。友人が「明石《あかし》さんは『明石洋子《ようこ》』として見てもらえる時間があっていいわね」と言いました。いつもそう言っていた彼女は、「自分らしく生きたい」と、子ども（障害児）と夫を捨てて自立していきました。そうならないように仕事はもっていたほうがいいなと痛感しています。

私は確かに薬剤師で働くときは「明石洋子」の個人名です。管理薬剤師をしましたので、「明石先生」と呼ばれました。息子の幼児期、つらいことが起きたとき、家の家具の配置換えをしたり、せっせと趣味の皮革細工や籐《とう》工芸をしたりして、気分転換を図ってはいましたが、眠れない日が続きました。働くようになって、「明石洋子」として自分の職能を生かした仕事の場が与えられて、エンパワメントでき、自己肯定感を高めることができました。それがまた、息子たちの子育てに力を注ぐエネルギーになりました。

職場の協力も得て活動が広がった

さらに1989（平成元）年に「あおぞら共生会」を設立してからは、乏しい福祉財源の「分捕り合戦」をすることなく、他業種である薬業界からの支援や協力を仰ぐこともできました。机やロッカー、冷蔵庫等の寄付で設備費が軽減できたり、作業所の商品製品を購入してくれたり、寄付金やバザー時の献品で利用者のお給料も払えました。これら財政援助に加えて、『日刊薬業』など薬業界の新聞や薬剤師会の雑誌等に、私の講演会の記事、すなわちASDの記事が載ることも多くなり、理解と支援の輪が広がりました（相談が多くなりましたが）。

また、今までは福祉とは寄付するものと考えていた組合に、「物を与えるのでなく、社会参加の機会を」とお願いして、「あおぞら共生会」の利用者（障害者）がサービスの受け手でなく来場者にサービスを提供する側に立った「ふれあいフェスティバル」なども、薬業界の組合との共催で企画できました。

先輩、相談です。

ありのままに地域で生きる

4歳	男子
ASD + ADHD	
保育園に在籍	

4 ご近所に迷惑をかけてばかり。いっそ家に閉じ込めてしまいたい…

超多動で、目を離すとあっという間に家を飛び出していきます。追いかけていって探してもなかなか見つからず、あるときは、よそのお宅に上がり込んでしまっていました。「いったい、どんなしつけをしてるんですか!」とあきれられ、もう、いっそ家に閉じ込めてしまいたい気持ちになります。

閉じ込めた先にあるのはどんな将来?

私も、あちこちに「すみません」と頭を下げる毎日でした。息子の徹之《てつゆき》も同じようなことをやらかしましたから……。

でも、近所のお宅に入って勝手に探検するから、大切なものを壊すから、お店に入ってものを取るからといって、ずっと家の中に閉じ込めておくわけにはいきません。そんなことをしたら、いつまでも家から出られず、私に息子を押さえつける体力がなくなったら、たちまち入所施設に入れるか、病院に入れるか、ということになってしまう、そう考えました。

といって、「今は人に迷惑をかけてしまっている、この子は一生、人に迷惑をかけるばかりの存在なのだろうか」と悩みました。

少しでも迷惑にならない方策を考えよう

私の場合をもう少しお話しすると、私はなんとか、息子が少しでも迷惑をかけないようにする方策を考えようと思いました。家から出さないようにする方策よりも、そっちのほうが大事だと思ったのです。

息子から片時も目が離せませんから、息子が眠っているとき以外は、買い物に行くときも、料理をするときも、掃除をするときも、私のそばにおいて遊ばせながら、何でも一緒にしました。そうせざるを得なかったのです。

街中でも、お店の中でも、息子の好奇心がどこに向かっているのかを常に感知し、道路に飛び出さないか、よその小さな子をたたかないか、お店の品物にいたずらしないか、買い物しながらも目は息子を追い、何かあったらすぐに飛び出せる用意をして、いつも息子と行動を共にしていました。

買い物の外出はそれこそ大変です。スーパーマーケットに入ろうものなら、広い店内を運動場のように走り回り、私は追いかけ、まるで追いかけっこをしているようなありさまです。そして、気に入ったお菓子を勝手に取っては包装紙を破いたり(包装紙を破いたお菓子は買いました)、積んであるりんごを下のほうから取り出

してりんごの山を崩したり（落ちたりんごは買い、煮てアップルパイにして、いたずらのお詫《わ》びも兼ねてご近所に配りました）。

外出先では先に子どもの欲求をすませる

そのようにして覚悟を決めて外出する中で会得したのが、「子どもの欲求を先に満たす」というやり方です。徹之の好奇心を十分に満たすことをやらせて落ち着かせ、そのあとに私のほうの用事をすることにしました。「あとで」ということがまだ理解できない息子ですから、彼の要求を「先に」すませることにしたのです。

たとえば、スーパーマーケットに買い物に行く前に、公園で十分追いかけっこをして、体をくたくたになるまで動かしてから行きます。また、大好きな電車を見てからとか、お気に入りの自動車を見てからとか、息子が見たいものやしたいことを先にするようにしました。そしてそのあとで、私の買い物につきあってもらうようにしました。だいたい、おとなしくついてきてくれます。

子どもの世界に一緒に入り込んでみる

超多動を収められず、飛び出していくのを止められないなら、いっそ、子どもと一緒に行動して、その世界に入り込んでみるというのはどうでしょう。発想の転換です。私は（ほとほと困り果ててのことですが）、そうしてみました。

徹之が飛び出していったら、「困った！　困った！」と思わず、追いかけはしても止めることはしないで、つかまえたら笑顔で接し、追いかけっこなどの遊びに引っ張り込むようにしたのです。追いかけっこを繰り返しながら、私がついて行けず、座り込んでいると、息子は戻ってきて、私の手をつないで、「行こう」と誘ってくれました（しめた！）。

手をつないでくれたら、息子が私の手を引っ張って行くところに、一緒につきあってみることにしました。息子が興味をもっている世界に、私も一緒に入って、その世界の中で、彼の気持ちに入り込んでみようと思ったのです。そして、息子が興味を示すものに私も興味を向けて、それを「あ、○○だね」と言葉にして言ってみよう、そうすれば、もしかしたら彼は私の言葉にも反応してくれるかもしれないと思ったのです。

現在、私は（一社）川崎市自閉症協会の代表理事を務めており、「世界自閉症啓発デー」（4月2日。国連が制定）のイベントを２００９（平成21）年4月より開催していますが、そのイベントのタイトルを「ようこそ自閉症ワールドへ」としました。ＡＳＤ（自閉スペクトラム症）の人の世界に、ちょっと入ってみませんか。

先輩、相談です。

ありのままに地域で生きる

4歳 男子

ASD

在宅

5 知的障害が重いのですが、施設に入れるしかないのでしょうか

4歳になるのにお話ができません。こだわりも強く、IQ測定不能で知的障害が重いのですが、この状況では地域で生きるのは難しいでしょうか。将来施設生活になるのでしょうか。まわりの皆は入所施設に入れることを勧めます。

「障害者権利条約」が認める権利の数々

長男徹之《てつゆき》は、小さいときからブツブツと独り言を言う発語はしましたが、オウム返しでもコミュニケーションがとれるようになったのは8歳頃です。こだわりは今でもまだ強いですね。でもずっと地域で生きています。そして今は、地域の人々の役に立つ仕事もしています。重度の知的障害のあるASD（自閉スペクトラム症）と診断されたにもかかわらず……です。当時の多くの同年齢の障害者は施設に入っていましたが、今は、法律が「地域に生きる」を指向しています。

特に「本人中心主義」を謳《うた》う「障害者権利条約（障害者の権利に関する条約）」

に、わが国はすでに批准しています。この条約の第12条には「法律の前にひとしく認められる権利」が掲げられています。内容は、①人として認められる、②他の者と平等に「法的能力」を享有する、③法的能力の行使にあたって必要とする支援を利用することができる等々です。特に、自己決定権（自分のことを自分で決める権利）は誰においてもあたりまえに保障される権利であることの再確認がなされています。また、条約の第19条「自立した生活及び地域社会への包容」には、他の者と平等に、居住地を選択し、どこで誰と生活するかを選択する機会を有すること並びに特定の生活施設で生活する義務を負わないことが明記されていますので、今までの入所施設に隔離し保護管理するという形は、権利条約違反になります。

それは、親亡きあとも地域であたりまえに生きることの保障

全日本手をつなぐ育成会連合会発行の『わかりやすい障害者の権利条約』（２００９年）には、当事者向けに「街で暮らす権利があります。どこで誰と一緒に暮らすか自分で選ぶことができます」と書かれています。すなわち権利条約のもと、すみたいところで、すみたいひとと、必要とする支援を受けて、が可能となっています。

息子が障害児と診断された40年前は、地域での生活に生きづらさがあり、子殺しや無理心中が跡を断たなかったので、親の会はこぞって「入所施設を作ってくれ」

と運動していました。それに反して、私は「地域の中で、共に遊び、共に学び、共に働き、共に暮らす」社会にしたいと、一部の親の会や専門家から異端児といわれましたが長年運動してきました。それが今、「地域で生きる」ということがやっと法的に保障されたということです。これで「親亡きあとも地域であたりまえに生きる」ということが保障され、ホッと一安心しています。

IQ測定不能だった息子の場合

さて、相談のお子さんはIQが低くて入所施設に入れるべきかと考えられているようですが、実は息子も、IQ測定不能でした。

はっきり障害児と親はわかっていましたが、療育手帳を取得すると、各種の福祉サービスは受けられますが、障害児として保護隔離され、特別仕様の生き方をせざるを得なくなり、進路に選択の余地が少ないとわかり、手帳は取得はせずにいました。ただ、夫の転勤で転校した佐賀で、学校の選定のため、児童相談所の診断を受けることが必須になり、小学校2年（7歳）のときにはじめて取得しました。その療育手帳の判定は「重度A」、「寄宿制の養護学校」が適切な進路先との判定で、「将来は学校の隣にある入所施設があけばそこに移ることになるだろう」と言われました。「これだけ重度の自閉症児は地域で生きることは難しい」と、養護学校（現在の特別支援学校）を勧められたのです（それでも通常の学級を選びましたが）。

中学校1年生（12歳）で「中度（B1）、20歳で「軽度B2」、今もB2の療育手帳をもっています。ASDは相変わらず、重度です。

大切なのはIQでなく…

サービスを受けるために手帳は必要であり、IQの数値で知的障害の軽重が決まる現状は否定しませんが、IQが自立生活を左右するとは思っていません。脳の全機能は、限定された知能テストでは測れないのではないでしょうか。サービスを受けるためには根拠として、知能テストを受け手帳を取得するしかないですね。しかし、その値に一喜一憂（動揺）しないでほしいと思っています。

また、今はWHO（世界保健機関）のICF（国際生活機能分類）では、障害の概念は「医学モデル」（障害の克服：個人の問題）から「社会モデル」（社会参加を阻止する環境を変える：社会の問題）に変わりましたから（p35コラム参照）、大事なのはIQより環境整備かもしれません。

先輩、相談です。

ありのままに地域で生きる

小2　男子

ADHD

通常の学級に在籍

6 本当に地域で幸せになれる？何かよりどころとなるものが欲しい…

障害があっても、地域であたりまえに生きていけるのがいいと思っていますが、何かと騒ぎや人の迷惑になることをしでかすので肩身が狭く、幸せからは遠い日々です。本当に地域で幸せな生活ができるのでしょうか。どんな考え方をすればいいのでしょう。何かよりどころとなるものが欲しいと思います。

どうしたら幸せになれる？

私は、不幸とは、①地域に生きる場がない、②世間から同情・憐《あわ》れみ・差別・偏見を受ける、この2点だと、息子が小学校に入る頃から考えるようになりました。では、幸せになる道を探せばいいですね。「①地域で生きる場の開拓」と、同情や偏見などは知らないゆえの誤解ですから、とにかく「②知ってもらうこと」と考えました。そのためには息子と共に地域に飛び出すことにしました。

彼が健常児だったら、私は今のように「地域」を意識しなかったと思います。しかし、彼は水やトイレにこだわって地域でいたずらばかりするので、謝りに行かな

ければならず、否応なしに、結果「地域で生きる」ことになったわけですね。

「ノーマライゼーション」の理念を盾に

地域に飛び出すとき、「ノーマライゼーション」（p44参照）の理念をしっかり頭にたたき込んで（理論武装して）行きました。しかし40年前には、地域の人は誰も「ノーマライゼーション」の言葉どころか「共に生きる」等の発想すらありません。迷惑をかけるたびに「お宅、どんなしつけをしているの!?」と、厚い壁にめげる毎日でした。

一般的な子育ての目的は、「人に迷惑をかけない子にする」ことでしょうから、叱られるのは仕方ありません。でも、迷惑をかける相手とのかかわりができ、「迷惑はお互いさま」と言われるようになって、「地域に生きる」が実現できました。迷惑をかけるから知ってもらって「存在」を示すことができます。別々に隔離されて育ったら、「存在」すらなかったものになります。同じようなことを、障害者がかかわる事件が報道されるとき思います。匿名扱いになるのは、まわりの事情も理解はできるものの、やはり本人にとっては二重に悲しい人生といえないでしょうか。

「障害者の権利宣言」が勇気をくれた

さらに、障害のある人から教えてもらった「障害者の権利宣言」が私に勇気をく

れたのです。この権利宣言は、1975（昭和50）年に、国連で採択されたものです。ちょうど長男の徹之《てつゆき》が障害といわれた年、そして次男が生まれた年です。権利宣言の第3条にはこのように書かれています。「障害者は、その人間としての尊厳が尊重される生まれながらの権利を有する。障害者は、そのハンディキャップと障害の原因、性質、程度のいかんにかかわらず、同年齢の市民と同一の基本的権利を有する。このことは、まず第一に、可能な限り通常のかつ十分に満たされた相当の生活を享受する権利を意味する」（永井憲一監修・国際教育法研究会編『教育条約集』三省堂、1987年）。

この宣言も、「ノーマライゼーション」と同様、私の優生思想「五体満足で、頭がいい子を」という認識を打ち砕く、まさに目からうろこが落ちる経験でした。

地域の中に生きる場を次々つくる

この宣言はまた、障害者を不幸にしているのはまわりの人の意識と気づかせてもくれました。そうして、障害をなくすことを目的とした治療に奔走するより、障害があってもあたりまえに、「地域での自立」ができるようになることを子育ての目標にしました。

この宣言を信じて、前例のない障害児の保育園への入園運動、通常の学校への入学運動を行いました。さらに「あおぞら共生会」を設立して、入所施設以外に「地域の中に生きる場」を次々とつくっていきました。地域の中に選択肢を豊富にすることが、障害があっても幸せに生きることを可能にすると信じて、現在13の事業を行っています。

コラム

医学モデルから社会モデルへ

対人援助にあたり、その人の障害をどうとらえるかという考え方の変化をいう言葉。医学モデルでは、障害を病気や外傷などから直接的に生じるものとし、あくまで個人の問題ととらえます。そして、専門家による個別的な治療や、リハビリテーションによって、個人の行動の変容をめざします。これに対し、社会モデルでは、障害を主として社会（環境）によってつくられた差別や制約とみなし、障害のある人の社会への完全な統合をめざします。

ＷＨＯ（世界保健機関）が２００１年に採択したＩＣＦ（国際生活機能分類）では、それまでの医学モデルに基づく障害観を改め、医学モデルと生活モデルを統合したアプローチが求められるようになっています。

先輩、相談です。

ありのままに地域で生きる

中3　女子

知的障害

特別支援学校に在籍

7 親亡きあとの生活、たとえば住まいをどのように考えたらいいのでしょう

障害があっても、好きなところで暮らし、人間らしい生活を送る権利が認められる世の中になったそうです。でも、実際には、まだまだ親が守ってやる必要があると思っています。特に心配なのは親が死んだあとのこと。住まいなど、どのように準備しておけばいいのでしょうか。

入所施設は保護のために必要なことも

障害者を強制的に入所施設に収容するのは人権侵害ですし、現在、そういう制度はありません。ただ、今でも入所施設が必要な場面に出会います。というのは、相談支援をしながら、隔離して安全を図る必要な場面があるからです。虐待で飛び込んできた人を助けるには、開放的なグループホームでは加害者がやってきてしまい困ったことになります。保護するためには、他人が立ち入れない入所施設が不可欠で、結局入所施設で保護しました。また、「風俗が時間も自由で、優しくしてくれて居心地がいい」と、風俗の世界の深みにはまってしまった人を助けるためには、

風俗の人が車で来て連れていったりする地域の中での保護は難しい。そういう意味で、リスク回避には、社会から遮断された「入所施設は必要だ」と痛感しています。でも、それではまるで刑務所のような機能をすることになりますね。刑務所は有期限ですが、入所施設は一生というわけでしょうか。住みたい場所で、住みたい人と、必要なとき、必要な期間、すなわち居住の選択の保障を。入所施設も一生でなく、出入り自由であってほしいものと考えます。

私が死んだときに（死なないまでも認知症になったときでもいいのですが）、息子が自分で入所施設を選べればそれはそれでいいのです。入所施設を、親としては敵にはできません。

グループホームという選択肢を用意

入所施設以外の選択肢ということでは、40人の入所施設を一つ作るよりも、4人のグループホームを10か所作ったほうが、ノーマライゼーションに近づくのではないかと思いました。とにかく選択肢を数多くして、その中から彼が選べばいいのではないかと思ったのです。

私は、グループホームの制度は「入所施設から地域移行へ」の手段だけでなく、親からの自立にも有効と思いました。親の親権は20歳でなくなります。それで「子どもが20歳になったらグループホームに」と考え、運動していました。

私を含め障害児の親の多くは、「私の眼の黒いうちは私が、私しかこの子を守ってやれない」と思いがちです。ほかのきょうだいは学校や就職、結婚などで成人になったら「親からの自立」があたりまえに思って、手離しているのですが、障害のある子に対してはいつまでも子離れ・親離れができない現状があります。今まで抱え込んでいて、急に親亡きあとに入所施設では、本人も、また入所施設の職員も困りますね。

息子は「お仕着せの特別仕様はいや！」と自己決定

「20歳になったらグループホーム」の合言葉どおり、20歳になった息子を二つ目に作ったグループホームに入れました。しかし、彼は「地域の中であたりまえの人生」を送ってきており、普通の感覚が育っていたからか、4人の障害者が世話人や生活支援員と暮らすグループホームには違和感を覚えたようです。6か月で「明石《あかし》徹之《てつゆき》はグループホームを卒業します」と、自己決定をしました。2014（平成26）年に日本が批准した「障害者権利条約（障害者の権利に関する条約）」の理念「すみたいところで、すみたいひとと、必要とする支援を受けて」ではないと、25年前に息子は感じたようです。

確かに当時は福祉事務所による「措置」で、自分が選んだ同居人でも場所でもありませんでしたから。私は、彼の「特別仕様はいやだ」という、あたりまえの感性

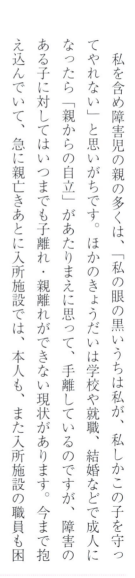

に、また一つ学びました。運動している私でさえも、気がつかないうちに特別仕様を選んでしまっていました。

今はこんな一人暮らしサポートも

今は、グループホームも「サテライト」、少し前は「ブランチ」といって、一人暮らしを支援しています。

また、必要な支援を受けての個々の地域生活も可能になっています。たとえば当法人では、「地域相談支援センターいっしょ」で計画相談をして一緒に支援計画書を作成し、困ったときは常時相談にのり、日々の生活は「サポートセンターあおぞらの街」からヘルパーさんを派遣して、家事援助や移動支援等で支援しています。つまり、アパートでの一人暮らしも不可能ではありません。現に息子は現在、自宅マンションの隣室で一人暮らしをしています。

障害者の生きる場として入所施設しかない時代は終わりました。本人の生活の質（Quality of Life；QOL）を考えて、親が元気なうちに親亡きあとを整備していきましょう。

コラム

息子の「結婚宣言」と親の本心

p12のコラムに「結婚がんばります」と「結構宣言」している徹之《てつゆき》がいます。20歳の誕生日の日、彼は「明石《あかし》徹之は今日から大人です。てっちゃんと呼ばないでください。今日からお酒とタバコをのみます」と「大人宣言」をしました。

彼は定時制高校に通ったので、高校時代に山岳部の山行などでお酒を飲む機会が多々あったのですが（成人の高校生が半数）、まったく飲みませんでした。私は、弟のように徹之にもアルコールを解毒する酵素がないのだと理解し、飲めないと思っていました。酒豪の夫は「息子が2人もいるのに酒飲みにも行けない」とがっかりしていましたが、実は彼には酵素が十分あったのです。幼児期から、「社会のルール」なるものは地域に生きるうえで不可欠なので、徹底して教えていました。彼は「お酒はハタチになってから。空き缶はリサイクル」というフレーズをテレビなどで毎日聞いていたので、約束事を守っていたのです。

この大人宣言に続いて出したのが、グループホームを退去するにあたっての「結婚宣言」です。「本人の意思に寄り添う」はずの私は、この宣言には焦りましたね。

「お母さん、結婚がんばります」と言う息子に対し、講演会等で「徹之のお嫁さん募集中。どなたかお見合いしませんか？　前後

「結婚がんばります！」

「結婚は未定です」

15歳ほどを対象にしますので、ご紹介ください」と彼のスピーチに続けてお話ししていますが、「がんばってほしくないなぁ」という私の本音があります。「私の寂しさ」が彼の「人権侵害」をしているのです。

また、彼の自己決定にはプログラムを作って一つひとつ実践してきましたが、結婚に関しては相手のことも知らないと先に進みません。「結婚がんばります」は、二人の人となりや特性や結婚への理解度がわからないと、プログラムが作れません。

「応援してください」と言ってもなかなか実現しないので、彼は最後のフレーズを、たとえば慶応大学での講演会など若い学生さんの前では「応募してください」と変えて言ったのです。残念ながら、応募者は皆無でしたが……。

結婚は難しい。今、彼のまわりに独身の人が多くいますので、「結婚だけが人生ではない」と覚悟したかな？　フレーズは「結婚は未定です」に変わりました。

ただ、雲仙コロニーの「福祉のトップセミナー」でシンポジストで登壇したあと、結婚相談所「ぶーけ」に予約していましたので、先日、田島理事長に尋ねてみたところ、「遠くのビーフシチューより、近くのカレーライスでね」と、ユーモアたっぷりのお断りが来ましたね。私はホッとしています。本当に人権侵害している私です。「母子共生」のこの文章には、非難が来そうです。

先輩、相談です。

ありのままに地域で生きる

4歳 | 男子

ADHD

幼稚園と療育機関に在籍

8 強がりでなく「ありのままでいい」と言える日が来るのでしょうか

唐突に、ほかの子が遊んでいるおもちゃを取り上げたり、突き飛ばしたり、しょっちゅう騒ぎを起こしては叱られてばかりいます。発達障害をもつ子どもの親の話で、「ありのままの子どもを愛そうと思った」とか聞くことがありますが、はたして私にそんな日が来るのでしょうか。とても信じられません。

まったく同じように思った日々が私にも…

お子さんは、わが子徹之《てつゆき》とまったく同じ行動をしています。当時が思い出されて懐かしくなりました。当時は叱られるたびに泣いていましたが、今はそれを笑い話のように話しています。また当時は、「この子を生んでよかった」と言う親の話を聞くたびに、「そんなことはきれいごと、強がり」と思ったものでした。しかし今、私は各地で講演をしていますが、「強がりなんかではありません」と言えます。本当に徹之の母で幸せと思っています。

「この子がいなければ」が「この子がいないと寂しい」に

ご相談の親御さんは、4歳の男の子のお母さんですね。私も息子が4歳のときは、「この子がいなければ」と思ったほどでした。

今は、息子がいるからこそ幸せをたくさんもらっていると思っています。「結婚がんばります」と言う彼に、「がんばらないで」と人権侵害している(? 結婚に向かって支援していない)私がいます(p40コラム参照)。何がバリアかというと、私の寂しさです。いなければと思ったことが嘘《うそ》のように「いないと寂しいから、いてほしい」と子離れできない私です。

4歳、今いちばん大変な時期と思いますが、この時期をがんばって愛してください。お母さんも私と同じような人生を生きていけると思います。

当時は子殺しや無理心中もたびたび…

ここで、私の親としての生き方やわが子の育て方について、経緯をお話ししましょう。

「多様な選択ができる地域の中で、あたりまえに、家族が切り離されることなく」と、あえて今こう書きますが、息子が障害といわれた40年以上前に「地域の中で生きる」には、本当に親が自分の人生や子どものきょうだいの人生まで犠牲にしないと、やっていけないぐらい生きづらさがあったものです。子殺しや無理心中な

ども跡を断ちませんでした。そういう意味で、「入所施設があったら、こんな事件も起きなかった」と、マスコミも応援して、親たちは「入所施設を作ってくれ」と運動をしていたわけです。

「ノーマライゼーション」を知って変われた

そういうときに、ノーマライゼーションという、北欧で生まれた思想を専門家から教えてもらいました。この、「障害者も地域の中であたりまえに暮らしてもいい」という理念や思想があると知ったときに、息子を家族や地域から切り離して別の場で一生を送らせることは、本当は本人にとってもつらいのではないかと思いました。それで、切り離されることなく、息子と共に生きようと思いました。

そうしたら、いたずらばかりしている息子を愛するためには「ありのまま」を認めないといけません。「そんなはずではなかった」と否定すると、「いないほうがいい」となり、施設に入れようとなってしまいます。

「障害者の権利宣言」の話を先にしましたが、私はこの権利宣言を知るまでは、本当に治療に奔走していました。「自閉症」を治すお医者さんや治す病院ということを聞きつけたら、本当に関東中あらゆるところでドクターショッピングをして、「治そう」「とにかく小学校に入るまでに健常児にしよう」などと思っていたのです。しかし、この権利宣言を知って、障害のままでもいいのだと思いました。

「この子が幸せになる」ことを目的にしよう

それまで、障害を治そうということで（息子のそのままを否定して、これこれこういう姿にしようと思って）、「言葉の特訓」などをしたわけですが（15 17など参照）、それをしているときは、今のわが子のありのままを愛せないことに気がつきました。ありのままを愛するためには、「このままでいいんだよ」と思うことが必要です。そのためには、「障害があるから不幸だ」とか「できないことをできるようにすることが大事だ」というような考え方を変えなければだめなのだと思いました。

だから、「何かができる」ということを目的にするのではなくて、「この子が幸せになる」ことを目的にしようと思いました。そうすると、障害を治すことではなく、健常児にすることでもなく、障害のままでも「自立と共生」ができればいいのではないかと思いました。それで「自立と共生」を子育ての目標にしたのです。

ありのままでいいと心底思えたときはじめて、ストレスだった子どもの行動が、健気でいじらしく、元気いっぱい、生命いっぱいに生きている証《あかし》しと思えるようになりました。そして、「ありのままの子育て」（私の最初の本のタイトルにもなっています）を再スタートしたのです。

先輩、相談です。

ありのままに地域で生きる

小1　女子

ASD

特別支援学級に在籍

9 親も障害のことを熱心に学ぶべきでしょうね

迷いましたが、特別支援学級に通わせています。障害児教育を専攻し、発達障害のことにも詳しい先生が担任してくれて、専門的にかかわってもらえているので、一安心です。でも、やはり親としても、本を読んだり専門家の講演を聴いたりして、障害のことを学んでいくべきでしょうね。

発達障害にはまだわからないことも多い

長男徹之《てつゆき》が診断された頃は（その後も）、ASD（自閉スペクトラム症。当時は「自閉症」とよばれることが多かった）は原因も治療法も不明で、いろんな専門家が独自の療法を開発されて、中には「こうして自閉症が治った」などの眉唾ものもあり、「誤解だらけの自閉症」といわれていました。現在は、脳の機能障害（脳機能の偏り）によって起こる発達障害と考えられています。

しかし、身体的所見（外観）や医学的な所見（脳波、MRI、血液検査など）や心理的検査（知能検査、性格検査など）でも、はっきりとは診断できないようです。

人への関心度やものへのこだわり（かかわり方）とか、興味関心の偏りなどといった行動上の独特な特徴から医師が診断されているのが現状のようです。また発達障害の専門医も不足していますので、診断名に正確さを欠く現状もあるようです。

何よりの手がかりは子ども自身の姿

40年前、当時ＡＳＤは原因についても治療法（療育や教育訓練等）についてもさまざまなことがいわれており、どれが正しいか不明で、私は「自閉症はまだ誰もよくわかっていない」のだと、では、当事者である息子からのサインを大切に観察するしかないと、覚悟を決めました。

障害名の「自閉症児」としての息子でなく（「自閉症」という抽象的な存在でなく）、特異的な個性をもつ明石《あかし》徹之の特性（世界）を知ろうと考えました。共通の特性である「自閉症」の勉強はしましたが、当時の「誤解だらけの自閉症」の知識より、明石徹之というわが子の日常から学んだほうが本物でした。ＡＳＤの理解の手がかりはわが子でしたね。

障害でなく、わが子の専門家になってほしい

もちろん、当時の知見に比べれば、明確になっていることはずっと多いのでしょう。それでも、子どもはそれぞれに違います。障害の程度だけでなく、性格や気質

といったものがあり、好みや指向するものも異なります。障害全般やASDについて学ぶことは、もちろん無益ではありませんが、何よりもまず、目の前のわが子をそのまま受け止め、理解することのほうが大切です。

親御さんには、ぜひ、お子さんの専門家、お子さんのいちばんの理解者をめざしてほしいと思います。

身近な家族のかかわり方をそろえることは大切

わが子の専門家でいようとする姿勢を、できたら家族全員でもてるといいですね。そして、お子さんがある行動をとるときにかかわる対応の仕方を統一し、一貫した子育てができるのが望ましいでしょう。

その意味では、障害に対する考え方、理解の程度も、家族でなるべくそろえるようにしたいものです。診断を聞くのも、なるべく両親一緒のほうがいいと、自分の反省をもとに思います。私は、40年前は「自閉症」といってもまだわけがわからない時代で、子育てを教えてくれる専門家を欲して、ドクターショッピングをしましたが、すべて医師のところには私一人で行きましたので、夫が障害の受容をするのに時間がかかりました。ただ、当時はまだ誤解が多い障害でしたから、夫が聞かなかったほうがむしろ先入観や固定観念がなくてよかったかなと、プラスに思うことも実はありますが……。

教師より保護者の知識がまさっている場合…

相談のお子さんの場合、担任の先生が専門性をもち教育してくれているので心配なさそうですが、親のほうが知識が豊富で、担任とトラブルになるケースもあります。実際、私はそういう相談を受けることが多くあります。

幼稚園・保育園時代は生活上一日のルーティンが（構造化されてきているおかげで）早く身につき、また幼いので、ポジティブに「変わった子、天才かも」「不思議な子、芸能人になるかも」なんて将来を夢見て、楽しく暮らすこともできますね。ところが、学校生活になると、抽象的な言葉での指示や、一度に複数の指示、予定変更など、混乱をもたらす要素が増えます。集団が大きくなることもあって、子どもは、混乱して指示が理解できずにうろうろしたりパニックを起こしたりするようになります。

そんなとき、「指示を板書してください」「変更を予告してください」と要望し応じてもらえれば解決するのですが、先生への伝え方には気をつけて、「〇〇してください」でなく、「家では〇〇しています」と、自分が困ったときどうしたかを伝えるだけのほうがいいですね。先生も実は困っているので、実行してくれるでしょう。そして、うまくいったら、工夫してくれた先生に感謝してお礼を言いましょう。何事も「ほめて育てる」ですね。

先輩、相談です。

ありのままに地域で生きる

小3 | 女子

ADHD

特別支援学級に在籍

10 障害のある子のせいで、きょうだいが不利益を被らないかと心配です

障害のある子のきょうだいは、やはり障害があると誤解されたり、いじめられたりすると聞きます。それで、下の子が就学年齢に近づき、どこに入学させるかで迷っています。きょうだい仲よくしてほしいし、同じ学校のほうが何かと好都合なのですが、下の子がいらぬ不利益を被るのも避けたい思いも強いのです。

第二子誕生で生じた心配事…

わが家に次男が生まれたとき、先輩のお母さんから「きょうだい児は我慢させてばっかりよ」「手をかけられないからほったらかし」「学校や近所でいじめに遭って」などという話を聞きました。障害児のきょうだいは我慢させられ、家族との外出の楽しみも少なく、友達にいじめられる……そんな人生を送るのだろうかと、心配になったものでした。「きょうだいに障害者がいると結婚もうまくいかない」という嘆きも聞きました。そういえば、結婚していないきょうだいが多いようでした。

長男徹之《てつゆき》が障害児と診断されたとき、私は「不幸な子をもつ不幸な親。これから

の私の人生真っ暗闇」と悲嘆したのでしたが、第二子誕生後、はじめて行った障害児の親の療育相談の場で、きょうだいの苦労話を聞き、「親だけでなく、障害者のきょうだいの人生も不幸になるのだろうか」と、誕生したばかりの弟の将来が心配になりました。弟の子育ても悩み多いものになるのだろうかと不安になり、夫はかねて「男の子3人欲しい」と言っていましたが、もうこれ以上きょうだいを増やせないと思いました。

この子たちの幸せのためと、環境づくりに奮起

生まれた弟は、笑顔いっぱいのかわいい赤ちゃんでした。私がかかわれば必ず笑顔で反応するので、弟の子育てで、私は母性を回復し、母の喜びをもらい、自信を取り戻しました。そうすれば「母は強し」ですね。「障害があっても、不幸な人生とは決まっていない」と思い、「幸せな障害児がいてもいいではないか」と、長男の幸せと次男の幸せのためにいっそうがんばりたいと思いました。

ノーマライゼーションや障害をもつ当事者の気持ちなどを学び、「あたりまえに家族が切り離されることなく地域に生きよう」と決心して、「障害者も親もきょうだいも地域に生きて、決して不幸ではないという生き方を示したい」と願いました。

特に障害者のきょうだいだからといって、自分らしく生きることができないなんておかしいです。「徹之は徹之らしく、私は私らしく、家族の各々が自分らしく、

幸せな人生を生きる道を探りたい」と思いました。幸不幸は、本人の、そしてまわりの心のありようで決まります。お互いをお互いが尊重して生きていけるような環境をつくっていくしかありません。

障害者を受け入れない偏見は、いまだ現実ではある

先輩たちをみていたら、きょうだいが地域の中で一緒に育つことより、関係を絶つかのように、別の学校や別の場所で、人生を送っている場合が多いことに驚きました。「障害者のきょうだい」と特別視をした、偏見の多い地域では、あたりまえの人間として暮らすのは難しいのでしょうか。だから親は、障害当事者を護《まも》るという意味だけでなく、障害者を家族や地域から切り離して遠くの入所施設に入れて、「きょうだいを護っているのだ」とも聞きました。きょうだいの結婚式に呼ばれないなど、障害者がいることさえも隠すこともあるそうで……。

これは40年以上前の話ですが、最近の事件報道などでも、まだ一部はそのような風潮が残っているのを知り、残念に思います。この40年で法律や制度は180度変わり、福祉サービスも充実してきましたが、昨今の事件を見聞きすると、変わっていないのは人の心。差別偏見が潜在的にあるということ。悲しく思います。

正しい理解のために、地域で一緒に

誤解や偏見はどうして起こるのでしょうか。たぶん、当事者の思いを知らないことから起こると思います。無知・無関心が誤解や偏見を生み出します。出会ったこともない人を正しく理解することはできないでしょうね。出会い、ふれあってはじめて、心（意識）のバリア（同情や憐《あわ》れみ、誤解や偏見）を解消できるでしょう。同じ人として、どんな人にも「思い」があるのを実感し合うことです。幸せになる道は地域の人とふれあい、人となりや特性を知ってもらうことです。

それで、私は、徹之と弟を一緒に、地域の中で、お互いが知り合える環境で育てたいと思いました。同じ保育園、そして「弟はいじめられるよ」と皆心配しましたが、同じ学校に入れました。地域の人たちに、「障害者へ正しい理解を」と啓発運動をするからには、父親やきょうだいが障害を理解しないと話になりません。兄弟は「いつでも、どこでも、一緒」と決めました。

4歳半で保育園に入れた！

そのように決意して臨んだ保育園生活の様子です。「子どもの集団に入れなさい」との専門家の勧めでしたが、息子は幼稚園8園全部に断られたのです。それでは子どもの集団の保障は、税金で建てた市立の保育園しかないと思いましたが、障害児の保育がまだ認められなかったので、7か月の弟を先に入れました。そうして送迎時に毎日会う保育士さんに、長男を見せて障害児保育の運動をしました。2年

間の運動ののち、やっと2年保育で入ることができました（徹之4歳半）。

自転車の前後に二人を乗せて、15分もかかる（徒歩だと40分）保育園の送迎はとても大変でしたが、保育園生活は、二人一緒で充実したものでした。はじめての障害児（しかも誤解だらけの「自閉症」児）で、保育士さんはわからないことは私と相談しながら、試行錯誤の中、積極的に保育してくれました。2年間の保育園生活で、障害特有の問題行動は多々ありましたが、息子は人が好きな子になって、それがとてもうれしかったです。

園では小さい弟が見本・先導役

保育園生活での息子の成長には、弟の存在が欠かせませんでした。泥遊びもプールも、はじめて経験することには抵抗を示しました。そういうとき、もも組にいる弟が駆り出されます。たんぽぽ組の上級生の徹之は、小さい弟がにこにこ見本を示して「てっちゃんも」と誘導してくれるので気持ちが動きます。「小さい弟がしているから、大丈夫なのだ」と安心し、兄としてのプライド（メンツ？）も育っているのか、弟の誘いに乗っておずおずと参加したようです（給食は弟とメニューが違ったようで、もし一緒だったらもっと早く改善できたかもしれません（22 23参照）。

また徹之はいやなことがあると、弟のいるもも組に逃げ込んでいました。保育園の中では、弟が息子にとっていちばん安心して頼れる人のようでした。初体験の多くの場面で、また運動会などの行事の場面でも、弟の笑顔での誘いに、不安感が払拭できて、どうにかやることができました。保育園ではいつも弟が見本も示して、最高の先導役でした。

弟は普通の家庭以上の体験を積んで成長

ただ、弟を負担感で緊張させ、子どもらしさをつぶしてはなりません。私は見本を示してもらうたびに、「ありがとう。上手にできたね」とほめ、模倣できた徹之にも「すごいね。できたね」とほめながら、弟とともに喜び、「またお願いね」と頼みました。弟の幼児期は、私は徹之の療育のために、水遊び、砂遊び、遊園地、キャンプ、スポーツ（水泳やアイススケート）などにも意識的に、積極的に活動しました。そういうとき、いつも弟も一緒に連れていきました。それで弟は、普通の家庭の子どもが体験する以上に、多くのことを経験したと思います。

人は多くの体験を通して、学ぶ意欲を十分育み、物事を深く考える、創造性豊かな人に成長すると思います。机上の勉強では、偏差値は高くなっても、自分で想像する力は育ちにくいと思います。弟は、兄がいつも想定外の行動をするので、「どうしてかな？」と想像をめぐらせて日々生活していたので、想像力と感性が豊かな人になれたようです。障害児と育つことは、きょうだいにとって学ぶことが多くて、プラス面も多いのではないでしょうか。

先輩、相談です。

ありのままに地域で生きる

小３ 男子

ASD ＋ ADHD

特別支援学級に在籍

11 仲間が欲しい、悩みを聞いてほしい…

子どものためならがんばれると、あちこちに話をつけ、頭を下げ、だいぶ強くなったつもりです。でも、近くには親の会のようなものがなく、孤軍奮闘は正直きついです。仲間が欲しい、誰かに悩みを聞いてほしい、と、ないものねだりもしたくなります。

早くから子育て仲間がいるのは心強い

実は、私は、長男徹之《てつゆき》が乳児のときから、社宅で「母親クラブ」をつくって会長になっていました。日本が経済成長に向かっている当時、社宅の若いお母さんたちは、企業戦士のお父さんに育児の手伝いは望めないので、日光浴も砂遊びも一緒に行い、買い物も離乳食作りもお互いに助け合って子育てをしていました。実家（郷里）も日本各地に散らばり、祖父母に助けを頼めない状況で、孤独な子育て解消のため助け合っていました。川崎市に（日本中に）「母親クラブ」の制度があり、少額ですが運営の助成金も出ていることを知って、社宅内に会をつくりました。月1

回は近所の小児科医の診察や、保健所の保健師さんによる訪問や相談会を開いていました。ゆえに息子が障害児と診断されても、息子自身は変わらないので、母親クラブのお母さんたちはあたりまえにつきあってくれ、私はとても助けられました。

同じ悩みをもつ仲間とのつながりを求めて

ただ、正常に成長しているまわりの子と息子は違うので、子育ての悩みの共有はできませんでした。保健師さんに「地域の同じ悩みをもつ親に会いたい」とお願いし、保健所の一室を借りて親の自主運営の「地域訓練会」の運営も同時進行で行いました（この「地域訓練会」運営が、私の障害者運動のスタートになっています）。

健常児の母親との連携はどのライフステージでも必要ですので、母親クラブの運営は並行して行いました。「地域訓練会」は障害児中心でしたが、きょうだいや近所の子どもたちも含めて活動しました。

母親クラブや地域訓練会の会長経験は、その後の、障害者が「地域であたりまえに生きる」運動に、とても役に立ちました。とにかく、一人では何もできません。協力し合える仲間と日々出会う場があれば、新しい運動が開かれます。

近くに会がなければ、つくればいい

私たち親子がテレビに出るようになって、「近くに会がない。仲間がいない。仲

間づくりはどうしたらできるか」との相談を受けるようになりました。私は「欲しいものがなければ、自分でつくればいいじゃないの」と伝え、地域の人集めの講演会の講師を引き受けるなど、頼まれればその土地に行って、支援するようにしています。日本各地で会ができ、もう10年、20年と活発に活動し、法人格を取得して事業をするところも出てきました。「棚からぼた餅（棚ぼた）」は落ちてきません。仲間づくりは自分から。「この指とまれ」と、指を出すことからスタートです。

一例を紹介しましょう。「動かなければ始まらない」というタイトルで書かれた、埼玉県のあるお母さん（ASDの2人の子がいます）の文章から一部を引用します。

「明石《あかし》さんのアドバイスで、同じような悩みをもつ同じ学校のお母さんと一緒に、地域に密着して活動する発達障害や学習困難のある子どもたちの『親の会』をつくったのです。最初の1年目は公民館活動として母親同士のピアカウンセリングの集会を行いました。10人以上の母親が集まりました。さらに休日の子どもたちの居場所づくりのサークル活動『土曜クラブ』を開催。プールや公園活動から、お花見、スケート、バーベキュー、ボーリング、工場見学など、年間20回以上の活動になり、さらに夏にはお泊まり会も行うようになりました。『おやじの会』も発足して父親の参加もあり、NPO法人になって活動が活発になりました。

講演会を行い、専門家とも連携し、保護者や教師が目の前の子どもたちの障害を理解して、支援方法を考えていきました。『発達障害者支援法』はできたもののなかなか現場が動かないのなら、親たちが望んでいる支援の形を示していこうと思います。明石さんの『待っていないで、こちらから支援をつくっていく！』その言葉が、私の信念になっていると思います」

地域との連携があってこその自立

このように、各地で若いお母さんたちが会をつくり活動され、10周年や20周年、25周年の記念の講演会には息子ともども必ず呼ばれています。そのお母さんが自分の地域で若いお母さんたちの見本になり、さらにネットワークを広げています。また、テレビで私が『明石通信』（13参照）を地域に配る映像を見たことで、日本各地のお母さんお父さんが、「便り」「通信」「タイムス」などの新聞を作って発行されるようになりました。

地域との連携があってこそ自立ができます。その第一歩が、親子で「地域に飛び出す」です。仲間はたくさんいますよ。今、インターネットで情報は豊富に取れますが、豊富すぎる情報を取捨選択し子育て方針を決めるには「判断力」が必要です。その力は、仲間を含め「人」と出会い、つきあって培われるような気がします。たとえつらい人間関係を経験しても、それを癒やしてくれるのもまた、いい人間関係のような気がしています。私は「人が財産」と考え、今でも出会う人がありが仲間がいることを、心強くうれしく思っています。あなたもお友達になりましょう。

先輩、相談です。

ありのままに地域で生きる

5歳 男子

ASD

保育園に在籍

12 よりよい人生を送らせるため、何を身につけさせればいい?

障害特性なのか、一度覚えたことはパターン化しやすいようです。いつもと違うことをさせるのは難しいので、いろいろ気を遣いながら身辺自立への道を模索しています。よりよい人生が送れるよう、親ができることはできるだけやってやりたいものです。最低限、何を身につけさせればいいでしょう。

まず大切なのは人との信頼関係を築くこと

いちばん大切にしたいのは、「人とのかかわり」です。人と共に安心して過ごす経験を豊富にして、人との信頼関係を築いておくことで、将来「支援あっての自立」が可能になり、幸せな人生を送ることができると思います。

一人ぼっちで人とのかかわりを拒否して暮らす人生は、親としては望みません。信頼して支援してくれる人が多いほど、人生(生活)の質(Quality of Life:QOL)は高く、幸せな人生を送れるのではないでしょうか。そういう信頼関係のもと、さまざまな自立への生活スキルが身につくと思います。

明るく元気に働く大人になることをめざして

息子がモデルの一人にもなっている『光とともに…』（戸部けいこ作のまんが）のメインテーマは、「明るく元気に働く大人になります」ですね。これは、教育の目的でもあると思うのです。障害があろうとなかろうと、教育のめざすところというのは、将来大人になったときに明るく元気に働くことだと思います。お金を稼ぐとかではなく、社会参加でもかまわないのですが、とにかく「明るく元気に働く大人に育てる」ことが子育てでもあり、教育だと思うのです。

障害があっても、地域で学び、育ち、働いて暮らしていくことのできる社会をつくっていかないといけません。当時は障害があるからということで、特別仕様の特別な場で訓練して、治らなかったら特別な場で収容するような社会でした。障害は完璧に治るわけではありません。しかし、障害の多くの部分については「人という支援」があれば生きていけますから、「知って理解して支援する人」を地域に数多く増やすことが大事だと思っています。

知って理解して支援する人を増やす

私は、「地域と本人主体」の視点をもって「知って理解して支援する人」を探しました。覚えたとおり、最初に習ったとおりに行う、応用が利かない特性ゆえ、最初から地域の中で実践するしかありません。

障害そのものの生きづらさがあっても、生活環境（特に人的）を整えることで彼らしく生きられます。私はまわりに彼との「かかわり方」を伝えていき、地域の人が日々支援してくれることで、挨拶や買い物など「自立のスキル」を獲得できるようにしていきました（⑬㉜参照）。

力が50なら50の支援があればいいけれど…

大人になったときに、社会で生きる力が（仮に数字で考えてもいいと思いますが）、50であっても、足りない50は人の支援があればいいということです。とにかく支援する人を多くつくるということで、社会の啓発が大事になります。また、幼児期の20しかない能力を、できたら潜在能力を開花させて50にと考えました。

支援が十分あれば20のままでもいいのでしょうが、当時の息子は、赤信号でも止まらないし、よその家に行ってトイレの水を出していたずらして詰まらせたり、お店に行って物を取ってきたり、かわいい女の子がいたらバチッとたたいたり押し倒したりしました。そういうかかわり方は小さいときなら「しつけの悪い子」ということで親が叱られるくらいですみ、地域から追い出されることはありませんが、このまま大人になったら追い出されかねません。

20のままの状態で成長すれば、法に抵触して犯罪者にもなりかねません。そうしたら、信号もない、お店もない、かわいい女の子もいない、入所施設に隔離されてしまいます。家族や地域の人とのかかわりがない、収容施設でないと生きていけないのではないかと、当時は思いました。

最低限、これだけは身につけさせたいと思った

ですから、「社会のルール」と「自立のスキル」と「人とのかかわり方」の三つだけは教えようと思いました。幼児期から成人するまでに、なんとか身につけさせたいと考えました。善悪の判断は日々の暮らしの中で培えます。

家族の行動、クラスメートの行動、地域の人の行動、などを模倣することで獲得できるようにしていきました。一貫性がないと混乱しますから、例外をつくらず、丁寧に根気強く、毎日の生活を規則正しく、快適に暮らせるよう心がけました。

つい、口先だけや気分次第にかかわりそうにもなりましたが、夫ともども「親業の修行をしているみたいだね」と苦笑するほど、あきらめずに長い目で見るように、努力をしました。「めげない・逃げない・値切らない（あきらめない）」をキーワードにしました。

先輩、相談です。

ありのままに地域で生きる

小2 男子

ASD + ADHD

特別支援学級に在籍

13 地域で多くの人の理解を望むのは間違いでしょうか

学校に通うようになって行動範囲が広がったこともあって、親の目の届かないところで問題を起こします。連絡が来ればもちろん謝りに行きますが、本人はその場で説明などできないし、誤解されることも多いようです。地域で多くの人の理解を望むのは間違いでしょうか。

どんなに努力しても改善せず絶望した頃、あえてプラス思考に

ASD（自閉スペクトラム症）の特徴として、パニック、こだわり、超多動がありますす。それらを改善しないといけないと指導されたのですが、どんなに努力しても改善せずに、よけいにひどくなったのです。私は息子を育てながらも落ち込むことがいっぱいで、実際のところ、本当に彼の首に手をかけたことが3回ほどありました。徹之《てつゆき》の写真を見てもらえるとわかるのですが、彼は「静止画像はいい男」で、すごく素敵な青年に写っています。小さい頃の寝顔も同様、天使みたいにかわいくて、首にかけた手に力を入れることができませんでした。

マイナス思考をすれば、もう子殺しということしか残っていませんから、マイナス思考をあえて（というか無理やり）プラス思考にしました。パニックは、強い意思がある証拠で、思いを育てるチャンスであるし、こだわりは、知恵がフル回転しているから利用しない手はないし、超多動は、好奇心旺盛ということです。

あらゆるところでいたずらをしましたが、それも隣人との関係づくりになります。相手が言ってくることで、私は説明するチャンスをもらえるわけです。

息子を知ってもらうためのペーパーを手渡し

説明も言葉だけでは伝わりません。まして相手は怒っているのですから、聞く耳をもちません。時間を置いて改めて挨拶に行き、そのときペーパーを渡していました。ペーパーには、なぜ息子がそのような行動をするのか私が想像できる範囲で書き、彼の特性とこだわり行動とかかわり方を伝えることにしました。「しつけが悪い」と言いながらも一生懸命子育てしている私の態度と、息子の不思議な行動には関心はもってくれますので、あとでじっくりペーパーを読んでくれていました。

これらは問題が起きたときに出したペーパーですが、それがそののち『てっちゃん便り』そして『明石《あかし》通信』へと進化しました。実は九州から川崎に戻ってきたとき、転勤先の5年間で知り合った支援者の人たち200名以上から「その後てっちゃんはどうしていますか」と暑中見舞いが殺到したのです。同じ話を書くのは大変なの

で、『てっちゃん便り』を書きました。それを近隣に配布しました。問題を起こしたときにお詫《わ》びを書くのはつらいですよね。何もないいい関係のときに、このような通信でコミュニケーションをとっておくと、問題行動の小さな芽（ハプニング）のうちに気がつき、トラブルにならず、地域から追い出されることもないなと実感しました。日頃からのつきあいが大事ですね。

地域の人から「おはよう」と言ってもらい、挨拶のできる子に

地域にはたらきかけてスキルを獲得した一つの例として「おはよう大作戦」があります。「おはよう大作戦」というプログラムをペーパーにして配布したのです。キャッチフレーズは「家で100回の『おはよう』よりも、100人の人から『おはよう』を」ということにしました。家で100回「おはよう」と言っても、朝の挨拶が「おはよう」であると彼は概念形成できませんが、毎日、地域の人から「おはよう」と言ってもらえれば、挨拶がわかるのではないかと思い、地域の人にお願いしました。完璧にできるのには3年ほどかかりましたが、どんなときでも挨拶のできる子に育ちました。

スキル獲得のためにペーパーを活用する方法は、以後も「お買い物学習作戦」や、「トイレ掃除プログラム」などで実践、また、水泳やピアノを学ぶときはコーチに「〇〇学習プログラム」などのタイトルをつけて渡すなどしました。

挨拶がその後の進路を切り開く

この挨拶が定時制高校でも役に立って、「1年の1学期だけ入学を許す」という条件をつけられた高校入学許可でしたが、4年間行けたのも、彼が毎日クラスメートや先生方に挨拶を積極的に行い、結果、学校中が挨拶をするようになったからです。「夜の校舎に挨拶がこだましています」と連絡帳に書かれたぐらい、挨拶一つで快適な学校に変わりました。

公務員試験に合格してからは、採用されるまでに1年半かかりました。知的障害者の公務員チャレンジには労働組合（市職労）も応援してくれたのですが、「総論賛成・各論反対」の典型で、自分の職場に来てもらうのは困るということらしいのです。それでも、「清掃局で働きます」という彼の思いが強く、1年半後に清掃局に採用されました。が、やはり現場の人たちの拒否はすごく強かったのです。ところが、3か月後に「職場を明るく楽しくしてくれます」「仕事はすごく丁寧で、熱心に働いてくれます」とすごくほめた記事が、写真入りで組合の新聞に載りました。なぜ職場の人が変わったかというと、彼が毎日、みんなに挨拶をしたからです。

挨拶というのはすごく基本的なコミュニケーションで、人と共感し合える、信頼関係のできる大事なものだと思います。この挨拶ができたことは、私ががんばったわけではなくて、地域の人が根気よくかかわって教えてくれたおかげです。そういう意味で「地域力」というのはすごいと感謝しています。

コラム

「障害者の権利宣言」がさせてくれた決心

息子徹之《てつゆき》は、玉のような元気な赤ちゃんで、両親、祖父母の期待を一身に浴びて誕生しました。ところが、言葉も話せず、奇異な行動ばかりで、２歳10か月のとき知的障害をもつＡＳＤと診断されました。超多動児で、家から飛び出しては、お店の品物は取ってくる、水やトイレでいたずらする、といった毎日で、私は「すみません」と謝る日々でした。

しかも当時ＡＳＤは「親の育て方が原因」といわれ、特に母親の人格は全否定です。「不幸な子をもつ不幸な親」と絶望し、何度か「生きていても仕方がない。生きる価値はない」と思う出来事も起こり、無理心中を考えたこともありました。

そんなとき、身体障害の当事者から「障害者の権利宣言」を教えられ、「同情より理解と支援を。同情を乞う行動をする親こそ人権侵害者。子殺しする親は最大の敵」と言われたのです。目が覚めました。それから、私は「わが子の敵にはならない。最高の理解者、支援者になる」と心に決めました。

先輩、相談です。

思いとスキルを育てる

先輩、相談です。

思いとスキルを育てる

3歳 男子

ASD

在宅

14 自分から人の輪に入ろうとはしないけど、人とかかわる心地よさを教えたい

ASD（自閉スペクトラム症）で、自分から人とかかわろうとする力は弱いのですが、人とかかわることの心地よさを教えられたらいいなあ、と思います。人が遊ぶのを見て、興味はありそうなので、こんなときにトライできるのではないでしょうか。自分からは人の輪に入ろうとはしませんが……。

まずは小集団で慣れさせようか…

長男徹之《てつゆき》も幼児期はまったくほかの子と遊べなくて、どうしたら人とかかわりができるか、なんとかしてほかの子と遊べるようにしたいと思っていました。子どもの集団に入れればいいかと、幼稚園や保育園に入れようと画策しましたが、大きな集団に入れても、友達と遊べるようにはならないと気がつきました。

親の自主運営で保育所の一室で開催していた「地域訓練会」時代、子どもの集団を確保するために近くの保育園と交流させてもらいましたが、まったくまわりに関心をもたず、むしろ自分を追いかけまわす園児をこわがって泣いて逃げ回っていま

した。私は大きな集団では無理と感じ、社宅の一室を借りて、「ミニ保育園」なるものを開設し、小集団で子どもたちに慣れさせようと試みました。

本人の思いが育つのが先

そのとき気がついたことは、人とのかかわりは本人が自ら「遊びたい、かかわりをもちたい」と思わない限り、大人が強制的に「友達と遊びなさい、人とかかわりなさい」と言っても不可能だということでした。問題は、どのようにしてそういう思いをもたせるか……。楽しそうな「見本」を見せることにしました。

たとえば、「かごめかごめ」の遊びを私と子どもたちが楽しく遊んでいる見本を見せました。弟が参加できるようになってからは、弟が最高のモデルになりました。

興味が向いたところを見計らって誘う

最初は、徹之は「われ関せず」という趣で、部屋の隅っこで壁や窓ガラスに字を書いたりして、自らの楽しみに浸っています。でも、そのうち、たまにはちらっとみんなの遊びのほうを見ることがあります。チャンス！　すかさず輪の中にちょっとだけ入れてみます。徹之はすぐにその場を離れてしまいますが、またこちらをちらちら見るようになっています。そこで、また誘って……。

誘っては座らせ、本人は何度も逃げ出す。これを楽しい雰囲気で繰り返すうちに、

中に座るのをいやがらなくなり、次いで、ほかの子と手をつないで輪の一員となり、「かごめかごめ」ができるようになりました。
かかわりたいと本人が思う気持ちが育っていないと強制になり、かえって人嫌いになってしまいます。言葉の特訓で、彼を人嫌いにさせてしまった反省から（⑰など参照）、強要することは極力避けて子育てしました。

チャレンジには安心感の土台、大人との信頼関係が必要

新しい遊びに入るとか、ほかの子どもとかかわりをもつとか、子どもにとってのチャレンジができるためには、親に守られているという安心感が必要です。幼児期に「お母さんが自分をいつも守ってくれる」という安心感があってはじめて、母親を港（安全基地）として、荒波（外の世界）にこぎ出していけるのですね。

徹之も、母親の開いたミニ保育園で、母親や弟に誘われて、新しい経験にチャレンジできるようになりました。

徐々にほかの子どもや地域の人とふれあい、安心して過ごす経験が育ってきて、一人の人間として幸せになるのではないでしょうか。私が運営に携わる法人の、大人になった利用者を見ていて、誰もが「人とのつながり」を欲していると感じますが、母子（父子も同様）の基本的な信頼関係ができてない人は、他人（支援者）との信頼関係を築くのに苦労しますし、うまくいったかなと思っても、いちばん身近

な親身になっている支援者を攻撃したりして、いつも危うさを感じています。

乳幼児期に親子の信頼関係が築けていること

相談を受けて、放課後等児童デイサービスの事業所を見学することがありますが、支援者や友達とかかわることもせず、窓にへばりついて、ひたすら自宅（居場所）に帰りたいと願っている子どもたちを見ると、はたしてこのサービスが「本人主体」であるのか疑問に思います。乳幼児期に、十分にかかわりをもって愛されて育つことが大切と痛感します。

幸せな人生は、信頼できる人がどれくらいいるかにかかっているように思います。誰も信じられない人生ほど寂しいものはありません。子ども時代に、お母さんはじめ、子どもにかかわる人たちとの関係を深め、その人たちから適切な配慮を受けて、自立のスキル（生きる力）を育むことが重要で、保護者はわが子の特性や成長段階を把握し、地域とのパイプ役になって、地域の人を巻き込んで「自立への子育て」をすることで、将来自立できる（手を離すことができる）人に育ちます。

お子さんが「自分らしく」人生を生きるために、人との信頼関係をぜひ育ててもらいたいと思います。時間でなく密度（気持ち）ですから、働いていてもできますね。この点だけはがんばってください。

先輩、相談です。

思いとスキルを育てる

4歳 女子

ASD

在宅

15 せめて、何が欲しいのか言わせたい…

何か欲しいものがあると、たとえばジュースが欲しいときは親の手を引っ張って行って冷蔵庫につける、というように要求します。せめて、何が欲しいのか言葉で言えるようにさせたいのですが、何か方法があるでしょうか。

言葉を話させたいとがんばった日々

言葉で子どもとコミュニケーションがとれたら、どんなに子育ては楽になり、楽しいものになるでしょうね。息子の言葉がまったく出なかった昔、私は何度も、朝目が覚めると「ママ」と話しかける息子の夢を見たものでした。

最初はとにかく言葉を話させたいと思いました。息子がテレビなどで覚えたマークや数字や文字の世界に私が入ろうと思って、興味があるだろう「かずの本」や「あいうえおの本」「ABCの本」を購入して関心を引きました。これらの本には反応を示したので、文字を読んであげました。彼は2歳になる前に、喃語《なんご》の次に数

15 せめて、何が欲しいのか言わせたい…

字の1（いち）、5（ご）、10（じゅう）を言うようになったのですが、そのときはそれが障害とは思わなかったので、「数字がわかる」と勘違いして「天才？」と喜びましたね。数字の歌「いっぽんでもにんじん……」なども大好きで、私は歌ってあげて、少しでも同じ時間を共有して、言葉を教える時間をもちました。

息子は書くことにこだわった

こちらのペースで言葉を教えようと強要するとすぐ逃げ出すので、息子が何に関心をもっているか、観察しながらかかわる毎日でした。覚えた数字やアルファベットを、家では机や曇った窓ガラス、ベランダのコンクリートの床に、また外に出たら社宅の壁や道路や拾った板きれなどにも書いていました。

ＡＳＤ（自閉スペクトラム症）と診断されたのち「ものにこだわるから人に関心をもてない。こだわっているものを取り除き、スキンシップをし、いつも話しかけなさい」と専門家から言われており、自宅では書かせなかったので、逃げ出しては近隣の家のドアや壁、車にも落書きをして困りました。書くものを取り上げても、マッチ棒や爪楊枝《つまようじ》を並べて「ＮＨＫ」と書いたり（作ったり）して、数字や文字のこだわりは取り除くことはできませんでしたから、紙と鉛筆・クレヨンなどを与えて、自宅で思う存分書くようにさせるしかありませんでした。

取り除けないなら、こだわりを利用するしかありません。関心のある文字や数字

やマークを私は発音しながら、ものには名前があることを教えていきました。家の家具などにも「冷蔵庫（れいぞうこ）」と名前のシールを貼りました。

しかし、積み木の文字と絵をマッチングしてその単語が発語できるようになっても、たとえば「りんごの『り』の積み木をちょうだい」と言ってもまったく反応せず、渡してくれることはありません。単語のマッチングができ、発語することと、コミュニケーションができることとは、まったく違うと気がつきました。本当の言葉は人とのかかわりで生まれてくるものであって、机上で学習しても出てこないのです。「り」の積み木でなく、本物の「りんご」を食べたいから「ちょうだい」と言うように、日常生活の中で使えるよう、「思いを伝える」手段として言葉があるということを教えるしかないと感じました。発語より思いです。

人に伝えたいという気持ちを育むことが大事

ちょうど1歳過ぎの弟が、見たものや感じたものを私に伝えたくて、いつも私を見て自らコンタクトをとろうとしていました。困ったときや悲しいとき、うれしいときも、私を求めます。弟を育てる中で、人間は言葉が出る前からコミュニケーションをとろうとしている、伝えたいという心（コミュニケーションマインド）が育たないと、本当のコミュニケーション（意味ある言葉）は育たないと知りました。

徹之《てつゆき》は独り言を言っていましたが喃語のようなもので、単なる発語でした。人とかかわるために使ってはいません。弟を育てながら、子どもの成長過程がわかり、徹之の発達の仕方はほかの子どもと違っている、情報の入り方が違うと確信しました。徹之には言葉を話す前にまだまだ獲得しなければならないことがあるのです。言葉を出しさえすればいいわけではなく、大事なのは「この人に伝えたい」という気持ちを育むことなのですね。ゆえに、彼がかかわりをもってくるときがチャンスです。彼が私の指を持って、絵本の中の文字をさして私に言わせようとするその行動こそ、私にかかわりを求めているサインなのだと、その行動を大切にしました。

心地よい、お互いに必要とされる関係をつくる

弟は親が遊んであげることをとても喜びましたが、反応の乏しい徹之はそれをあまりしなかったので、弟が喜ぶ遊びを、兄弟一緒に、夫の協力を得ながら、意識的に行いました。徹之からもスキンシップで快い感情を引き出したいと思いました。机上の「言葉の特訓」を一切やめて、毎日寝る前には毛布を使ってぶらんこ遊び、休みの日は毎週がけ登りなど、遊びの中でお互いに快いと感じる関係、お互いが相手を必要とする関係をつくることからスタートです。そして遊びや社会経験を積みながら、肩車や「高い高い」という言葉や、遊びに使うもの（毛布など）、遊ぶ場（三ッ池公園など）、地名（横浜など）等々、その動作や物、場所に名前があることを、実物と言葉とマッチングして、概念形成をしていきました。

机上で教えるときも、文字とマッチングする絵カードだけでなく、実物も用意しました。みかんの場合、実物のみかんと、みかんの絵、そして「みかん」という文字の3点セット（実物・絵・文字）です。言葉だけではイメージできない息子には、実物の提示が不可欠でした。実物を目で、体で、体験すること。毎日日常生活の中で、一つ一つ実践するしかありません。

視覚優位がわかってからは書き言葉で支援

視覚優位性が際立っていることには、すぐ気がつきました。はじめて通った道の交通標識の文字（地名）を暗記して、自宅に帰ったらせっせと書くのです。機械的な記憶力は優れています。「いけません。だめです」と言われて、言うことを聞かなかったのは、話し言葉だけでは「何がいけないのか」意味が理解できなかったからです。わからないからできなかったのです。「だめ」という否定的な言葉のみで、わかる方法で教えなかったこちらの問題でした。

小さいときは「シー」と人が口に指を当てた「静かにカード」を、学齢時には文字で書いた「約束カード」（「静かに　小さな声で話す　声を出さないで文字を書く」など）を作り、必要な場面で提示しました。叱るだけでは混乱してパニックを起こしていましたが、カード提示なら、目で見て納得し我慢することができました。

概念形成した（意味がわかる）文字を何度も見せれば、脳の記憶の倉庫に言葉として記憶されます。時間が経っても、その文字を見せれば記憶の倉庫から概念（意味ある言葉）を引っ張り出すことができます。そうして視覚優位を利用して話し言葉でなく、書き言葉として言葉を教えていきました。「見てわかる・意味がわかる」手段があることが、コミュニケーションするには必要です。

選んだカードで発語につなげる

相談のお子さんと同じように、幼い頃の息子は欲しい飲み物があると、私の手を引っ張って「冷蔵庫を開けてほしい」と意思表示していました。何が欲しいかは冷蔵庫を開けないとわからないのですが、視覚支援で概念形成できるとわかってからは、中にある飲み物を扉に貼り、同じように「飲み物カード」を作って、息子の目の前に並べ、欲しいもののカードを取るようにさせました。

飲みたいものを選び、私が「牛乳が飲みたいのね」と確認したら、カードに文字も書いておいたので、「牛乳（発音はニューニューですが）」とオウム返しでも言葉が出るようになりました。私はうれしくて、いっぱいほめてそれらを渡しましたので、おやつのお菓子も果物も遊びのおもちゃも、カードの中から選択し、同時に発語を促すことで、言葉でのコミュニケーションもとれるようになりました。息子が独り言で言っていた言葉が意味のある言葉（要求語）に変わりました。私は息子の希望や意思が少しわかって彼との生活の見通しが立ち、不安は少し解消されました。

先輩、相談です。

思いとスキルを育てる

6歳　男子

ASD + ADHD

幼稚園と療育機関に在籍

16 パニックは障害のせいで仕方ないのでしょうか

思いを言葉で表現するのは難しい子です。欲しいものが目の前にあれば、手に取るのでわかります。でも、欲しいものがないとき、思うようにならないとき、すぐにパニックを起こします。一度パニックになると落ち着くまで時間がかかり、まわりもおさめることしか考えられません。障害のせいで仕方ないのでしょうか。

ASDだからパニックを起こす？

長男徹之《てつゆき》も言葉もなく、パニックでしか拒否を示さない子どもでした。当時、パニックはASD（自閉スペクトラム症）の特徴であり、ASDだからパニックを起こすといわれていました。これを改善することが治療・訓練・教育と考えられていたようです。学校や施設の見学で、パニックを起こしている人に対して、屈強の教師や職員が、叱ったり力づくで押さえつけたり、その場から連れ去ったりしていました。

でも、パニックという行動にも意味があるのではないかと私には思われ、悲しく

なったものでした。表面に見える問題行動とよばれるものの、根元にある原因の解明をしない限り、解決はしないでしょう。力で押さえたら、力で返すことになります。

パニックは意思の表れと気づいてから

私の場合をよく考えれば、彼がパニックを起こしているときは、常に私が彼の意思に反した行動をしていたのです。彼としては「そうじゃないよ、お母さん」と本当は言いたいのですが、言葉がしゃべれないので、代わりに体で拒否しているということに、私は気づきました。パニックは彼の問題ではなくて、彼の意思に反してかかわっている私の問題だというように、考え方を変えました。本人は、パニックなど本当は起こしたくないのではないでしょうか。

パニックが意思の表れならば、ではその「パニックの意味を探ろう、意思を理解しよう」と考えました。彼の意思を大切にして思いを育てようと思いました。

意思を確認するために選択肢を用意

意思を大切にするには、思いをくみ取るには、どうしたらいいか……。私は、徹之がパニックを起こすたびに、何が言いたいのか探るため、私にわかる範囲で選択肢を並べました。その選択肢から何かを彼が選ぶことで、彼の意思を確認し、選ん

だものは必ず実行する、ということを繰り返していきました。すると、パニックは軽減したのです。
こうした試みと結果を繰り返し、「パニックというのは、意思の表れである」と痛感しています。

用意した選択肢以外の選択肢を出してきた！

パニックという問題行動から息子の意思を理解することを試行錯誤するうちに、やがて、彼自身の思いが育っていったように思います。初めは私が選択肢を出して、彼が選ぶようにしていたのですが、そのうちに私が出した選択肢以外にも、彼が自分で自分のカードを出してきたのです。

私は自分ができる選択肢しか出せませんので、小さいときは「今日はどこに行こうか」と言っても、行き先のカードは「こどもの国」や「東高根森林公園」であり、アメリカの「ディズニーランド」などは当然選択肢に入りません。

食べ物も自分が作れるもの、お菓子も自分が作れるものが、私のカードでした。でも、そのうちに彼は「その他」というカードを選ぶようになりました。

それが「高校の受験」であり「公務員試験」ということで、彼は自分のカードを出したのです。私からすれば到底実現できない進路ですから、そのカードは私のカードではありません。

情報についても、私が与えた情報以外にも、彼は通常の学校など同年齢の子どもたちと一緒に生きてきましたから、情報は豊富です。たとえば定時制高校に行ったら、同級生に清掃局で働いている人がいたわけで、徹之は就労先に清掃局を選んだのです。彼は小さいときから清掃車が大好きで、清掃車のミニカーをいつも並べていましたし、迷子になると清掃車の音楽が鳴っているところを探せば後ろを歩いているのが見つかるぐらい、彼は清掃車が大好きだったのです。

意思を実現できれば問題行動は少なくなる

定時制高校時代、彼は地元の文具店でアルバイトをしていたので、私のカードは卒業したらそこで働かせようということでしたが、彼は同級生から「清掃局で働く」という情報を仕入れてきて、それからは「○○文具店は卒業して、清掃局で働きます」という自分のカードを出してきました。

このように、自分の意思を出すように育てていけば、問題行動も少なくなると思います。ただ、「カードを出す」にあたって配慮してほしいことがあります。カードは、親や支援者が自分のいうことを聞かせようとして、または集団で行動を管理しやすいようにと使うものではありませんね。本人が自発的に自分の意思を表出するための、一つの手段にすぎないのです。くれぐれも本人の思いに寄り添って、カードだけでなく、顔の表情や行動などに気持ちを向けてください。

先輩、相談です。

思いとスキルを育てる

小4 女子

LD

通常の学級に在籍

17 ほめて育てろとよくいわれますが、できないところばかり目につきます

ほめて育てろとよくいわれますし、そうしたいと思うのですが、つい、あれもできない、これもできないと、できないところばかり目につきます。ほめるところがないというか、できないままの姿をほめるのも変だし、困っています。それに、できないことができるようにと、望みたいのも本心です……。

「できない」には二通り

長男徹之《てつゆき》は、「できない、できない、できない」と常に言われていた子どもです。でも、「できない」ということには二通りあると思います。一つは、「障害ゆえにできない」ということです。障害があるからできないことに関しては、支援の手立てを考えればいいわけです。足の悪い人に車椅子を用意するように、支援の手立てをすればいいのです。

二つ目は、「わかっていないからできない」ということで、知的障害・発達障害の人たちにすごく多いことがわかりました。わかっていないからできないだけなの

です。ということは、まわりが「わかるように」教えればできるのです。

わかる・できる方法を模索して入試、公務員試験をクリア

息子の脳は本当にブラックボックスで、何を考えているのかわかりません。それでも、いろいろなやり方を入力してみて、出力したものによってできたと思えば、脳の中で「こう判断している」と考えました。彼の脳の中の偏りを分析したというのでしょうか、多くの入力を試して、親としては「こうやれば彼はできる」ということがわかりました。彼の情報入力方法を工夫しながらやってみました。

彼のＩＱは本当に低いのですが、高校の試験も通りましたし、公務員試験も一般の人と一緒に受けました。別枠の障害者枠で公務員試験を受けようと思ったのですが、別枠採用は「身体障害者手帳をもっている人」に限定されていて、療育手帳の徹之には受けられませんでした。それで「一般の人と一緒に受けてください」と言われたのですが、彼は合格をしました（これには私もびっくりしました）。

そういう意味では、彼は「こういうやり方をするとわかる」と親にわかっていたこと、第一に彼が自己決定して「高校に行きたい」「公務員試験を受ける」と自分が決めたから、その手段としての勉強方法を教えたので、彼の頭の中にはスーッと入っていったわけです。このようにして「伝え方を工夫する」こと、すなわち環境整備が大事かと思います。環境整備をすることによって、彼は脳の中の潜在能力を

すごく発揮してくれました。

わかる方法にたどり着くまで

最初からうまくいったわけではありません。

「言葉がわからないから、とるべき行動がわからない」と思い、言葉をわからせようと言葉の特訓をしました。ところが、パニックや他害や自傷を起こすようになり、「やり方が間違っている」と気づいたので、言葉の特訓はやめました。やがて、私たちが困っているよりも、彼がこのような接し方・かかわり方で混乱しているのではないか、彼の混乱はどこから来るのかと考えました。そして、彼に伝え方を工夫しようと思いました。

徹之にわかるように「情報をどのように届けるか」を目的にしながら、毎日彼のサインを見ながら、伝え方というものを工夫しました。

具体的・視覚的・肯定的に伝える

それは具体的・視覚的・肯定的なやり方です。たとえば「きれいに」（抽象的）でなく、結果きれいになる方法を「具体的に」教える。特性ゆえに、たとえば言葉で言ってもわからないなら、視覚的な手がかりを工夫するなど、「わかる方法」を工夫することです。苦手な言葉より「視覚的な」手順書を提示する。また、「だめ、走らない」（否定的）でなく「歩きましょう」と、とるべき行動を「肯定的に」伝える。この「具体的・視覚的・肯定的」なかかわり方を、一つ一つの行動で考えることにしました。また、「わかる」手順書を作成しました。

これは、私が行った、徹之への「合理的配慮」です。個々に、違った配慮を考える必要があると思います。ＬＤの子の場合は、むしろ言葉での指示のほうがわかりやすいこともあるようです。

できたことをほめる、共に喜ぶ

そうすると彼はわかるのです。わかったらできるようになりました。やるべき正しいことがわかったので、本当にできるのです。そうすると「できたね。偉いね」とほめることによって、彼は自己肯定感をもち、自分も人も好きになる子に育ちました。また、失敗しても支えてもらえるという信頼のもと「チャレンジ精神」も培えました。

ほめるべきところがないのに、ただほめ言葉をかけることはできませんよね。本人も決してうれしくはないでしょう。わかる方法で教え、そのとおりにやってみてできたとき、本人も私たちもうれしく、共に喜ぶことができました。

先輩、相談です。

思いとスキルを育てる

3歳	男子
ASD	
在宅	

18 どんなに誘ってもトイレで排泄ができません

障害があっても、トイレのしつけは親の責任と思っています。時期をみてトレーニングパンツを用意し、熱心に取り組んでいますが、どんなに誘っても、トイレでは排泄《はいせつ》しようとしません。言葉は遅くても体は十分大きくなっているし、できるはずだと思ったのですが……。

おむつがはずせない悩みは深い

「トイレでおしっこ」を教えるのには私もたいそう苦労しました。やっとできたのは5歳。お子さんは3歳ですね。焦らず、長い目で見てあげてください。

「離乳」と「独り歩き」の次は「トイレで用をたす」が親の役目のようで、2歳前後になると「おむつとれた?」が話題になります。社宅で同年齢の子どもたち9人が次々とおむつがはずれるのに比べ、いつまでもおむつの息子に、母親として自信をなくし、不安が募りました。当時は障害があるとは思っていないし、「しつけができないだめな母親」とのレッテルを貼られそうで、自分の評価を気にしていま

した。社宅の母親クラブの会長などしており、育児書どおりの身体成長に満足して、しかも息子は砂場で数字や文字を書いたりしていたし、子育ての「できる母親」と自信があったのでした。この、おむつがはずせないという悩みは深かったですね。

「おしっこ」という言葉を意識づけたいと…

息子は1歳の頃は、部屋に置いたおまるには平気で座ってくれたので、おむつをはずして「シーシー」と声かけして、たまたま出たりしたら「おしっこ出たね。すっきりしたね。よかったね」など声かけしてほめていました。「おしっこ」という言葉を意識づけようと、私は盛んに「おしっこしよう」と言っていたように思います。でも、息子は言葉かけには反応なく知らんぷりです。

「清潔＝気持ちがいい」を感覚的に学習させることが大事と思いました。「2歳前後で、おしっこをして汚れるのを気持ちが悪いと感じる」というので、昼間はおむつからトレーニングパンツ（厚手のブリーフ型）に代え、おしっこが出た感覚を感じられるようにしました。言葉は遅くても身体的には正常だし、トイレのしつけはすぐできると思ったのです。最初の1、2回は、パンツを脱いでトイレに入ることも、そんなにいやがらなかったように思います。ただ、私のタイミングを見計らうのが下手だったのか、トイレでは排泄することがありませんでした。私が気づかないうちにトレーニングパンツでしてしまっていました。うんちを足の間に挟めて変

な格好で歩いていたり、両足からおしっこが流れ出すといった失敗の連続でした。

「なんで教えてくれないの」と叱る日々

「どうしておしっこを教えてくれないのだろう」と、（ほかの子は言葉やサインで母親に教えていましたから）母子関係の欠如のように思い、汚れたじゅうたんや床の掃除をしながら涙が出てしまいました。部屋を汚して、その後始末ばかりする毎日になり、つい「なんでおしっこと教えてくれないの!?」と叱ることも多くなってしまいました。数字が好きで4（シー）や5（ゴー）など独り言のように発語していたし、「しっこ」という発語はできると思っていました。

「言葉が遅い」ことが原因だろうと考えていた私は、なんとしても言葉を出させようと、「言葉の獲得」にこだわりました。とにかく、「おしっこ」という意思表示の言葉だけでも言わせたいと思いました。「シーシーは？　シーシーしよう」「おしっこは？　トイレは？」ばかり言っていたように思います。

私が熱心になればなるほど、息子は私もトイレも避けるようになりました。「トイレのしつけは厳しいくらいにきちんと教えなくては」と思っていましたし、夫からは「トイレができないなら外出一つできない。いったい何をやっているのだ」と小言を言われ、失敗するたびに息子を叱ってしまう、怖い顔の私がいました。今考えると、私以上に、息子がストレスいっぱいだったのかもしれません。

トイレの環境づくりに励むも、挫折

当時、専門家に尋ねたり本を読みあさったりしましたが、「気持ち悪いという感覚が育つまで、愛情をかけてスキンシップを多くするように」という話ばかりで、具体的には教えてもらえませんでした。自分で工夫するしかありません。「こうあってほしい」という私の思いを優先して息子を改造しようとしたから、うまくいかなかったのではないかと考えました。本人の気持ちを考えようと思いました。ほかの子と比べず、ありのままを認め、叱らない方法を考えようと方向転換しました。

まずはおしっこをしたくなるような環境づくりです。社宅のトイレはコンクリートの打ちっぱなしで、冷たくて狭くて、怖いのかもしれないと考えました。それでトイレの壁や窓に明るいきれいなカーテンを飾って、窓側の棚に息子の大好きなミニカーを並べて、トイレを楽しい遊び場風にし、ドアにも車のシールを貼って、ドアもあけっぱなしにしました。しかし、息子はトイレに入ろうともしません。今思うと、ほかの刺激が多すぎたのかもしれません。いろいろ物理的工夫はしましたが、それまでの「おしっこ」「うんち」と言わせることばかりを強要したつけは大きかったですね。息子は3歳になっていましたが、おむつに戻し、トイレのしつけは弟の成長を待って一緒にすることにしました。

以上、うまくいかなかった話ばかりで恐縮です。成功に至る経緯は、次の項でお話ししましょう。

先輩、相談です。

思いとスキルを育てる

4歳	男子
ASD	
保育園に在籍	

19 将来もさまざまに支援を受けていくし、トイレのしつけはそこそこでいい?

トイレットトレーニングがうまくいきません。失敗して汚されるのも困るし、外出のときなどはトレーニングパンツに頼りっぱなしです。知的な遅れもあって、将来はさまざまに支援を受けていくことを考えると、排泄《はいせつ》のしつけだけがんばっても仕方がないし、自然にまかせようかと弱気になります。

弟と一緒に再チャレンジ

まずは、長男徹之《てつゆき》の、トイレットトレーニングその後をお話ししますね。

弟は、おしっこが出ると気持ちが悪いのか、むずむずしたりして、私のそばに寄ってきたり、部屋の隅でじっとしていたり、それとなく様子がわかります。出るときも、そわそわしたり前を押さえたりして知らせてくれます。また、うんちをしたいときも力むような表情をするので、私にわかります。言葉より先に伝えたい気持ちが表情や動作に現れるのですね。徹之の場合、私はそのような表情やサインを読み取っていたかどうか。何かサインはあったのでしょうが、こちらに読み取る能力

とその気持ちさえもなかったのだと思います。情報伝達は「言葉」と思っていたようです。言葉で言わせようとした私の方法は完全に間違っていました。

弟が上手におしっこする場面を見せていると(最初はちらっとしか見ませんが)、そのうち弟がおまるに座るとそばに見に来るようになって、何がおかしいのかけらけらと笑って見ていました(弟が大好きで弟がすることは何にでも興味を示したのです)。おしっこやうんちに抵抗感がなくなったと感じ、トイレのしつけを再開しました。

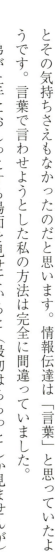

ある日突然、ベランダで

4歳の息子には、もう弟のおまるは小さすぎて無理ですから、トイレで試みましたが入ろうとしません。老人用のおまるでさせてみようかも考えましたが、それは大きすぎました。それとも裸になったとき偶然したことがあるお風呂場でさせようか、しかし入浴とトイレの区別がつかなくてそれは困るかな……などと悩みました。

そうしているうちに、ある日突然、ベランダで、トレーニングパンツを脱いで、おしっこをしたのです。ベランダはコンクリート、社宅のわが家は1階で水道の蛇口もついています。私はパンツの中より、パンツを脱いで(これは画期的!)ベランダでするほうがいいかと思い、ベランダの排水溝に向けておしっこをさせることにしました。このとき「男の子は立っておしっこするのだよ」と教えたのですが、

これはスムースにできました。そのうち、うんちもトレーニングパンツを脱いで（私はさっと下に新聞紙を敷いて）、ベランダでするようになり、何も支えなくても中腰ができたのでさせました。うんちはトイレに持って行って流し（本人にも見せて）、ベランダはホースで水を流してクレンザーで掃除をしました。

お風呂でさせるという失敗…

場所はどこであれ、自らパンツを脱いでおしっこやうんちをすることができたのですから、「おしっこ出たね。上手にできたね」と思いっきりほめました。息子は、ベランダで水を流して掃除をすることがとても気に入ったようで、「おしっこ」と言ってはベランダで盛んにおしっこをするようになりました。このベランダでのおしっこは成功して、トレーニングパンツから普通のパンツに代えてもいいくらい、失敗なくできるようになりました。

ところが困ったことに、よそのお宅に行っても、帰省のために羽田空港に行っても、ベランダ（コンクリートの場所）でしかできません。また、暴風雨や大雪などのときは無理です。そういう場合はお風呂場でさせることにしました。しかし、これは失敗でした。入浴のときにも、必ずお風呂場でおしっこをするのです。お風呂場がトイレになってしまいました！　息子は、トレーニングパンツ→ベランダ→お風呂場→トイレという順番で、結果排泄のスキルは獲得しましたが、ＡＳＤ（自閉スペクトラム症）は変化が苦手な特性をもちますから、この方法はよくなかったですね。最初からトイレでさせることが大切だと思います。でも、当初は障害があるとは思わないし、特性や支援方法など確立していませんから、私は試行錯誤の結果、このような手順でやってしまいました。

水好きならではの効用も

しかし、とてもよかったことがあります。ベランダでおしっこをしたあとに、蛇口につなげたホースから水を流しながら、床にクレンザーを振りかけて、デッキブラシ（学校のトイレなどの床掃除に使っていた柄のついたブラシ）でごしごし。その泡が水に浮かんで排水溝に吸い込まれる様子を見るのが大好きになって、ベランダ掃除が息子の日課になりました。そのうち、掃除をしたくて「しっこまんたん」と言って（発音は変でしたが）、ベランダでおしっこをしたがりました。

「この手は使える！」と思いました。ベランダを掃除したあと、息子用の小さなブラシはトイレ掃除用のものだから、それをトイレに持って行って、トイレの便器にクレンザーを振って、水をたくさん出して、ごしごしするといった手順のトイレ掃除を見せました。私が楽しそうに見本を見せたので、自分もやりたくなったようです。クレンザーを振りかけて、水を出し（ハンドルが固いので最初は手伝いましたが）、次に水に流すものを物色してトイレットペーパーを次々に流し（私が切ら

ないと全部流しそう）、水が流れるのを喜びました。トイレ掃除（水を流す遊びでしたが）をしたくてトイレに入りたがります。もうしめたものの、息子はトイレに入るのをいやがらなくなりました。

弟を見本にして「トイレでおしっこ」

徹之は4歳を過ぎ、弟が1歳半でおまるからトイレに移行してもいい時期になっていましたので、弟を手本に「トイレでおしっこをする」計画を立てました。

弟は何でもまねをしたがりました。家では父親がそれとなく見本を示してくれますし、保育園では大きい子やクラスメートがトイレでするのを見ていますし、保育士さんからの指導も受けています。徹之の先生役には最適でした。兄に見本を見せるたびに私からほめられるのもうれしかったようで、自分がすんだら「てっちゃん、おしっこ」と言って徹之を促してくれます。普段、徹之は大人が言ってもなかなか言うことを聞きませんが、小さな弟がすることは怖さが消えてまねすることができました。この弟のトイレへの誘いにも乗ってくれました。

トイレで立ってすること、パンツを全部脱がないで膝までおろしてすること、トイレットペーパーの切り方（適当な長さにマジックを引いて使いすぎない工夫が必要になりましたが）、うんちのふき方、これらは、徹之が小学校に入るまでの3年間に、弟を見本に学習していきました。

将来の自立に向けて、大切な学習

このトイレットトレーニングでは、最初からトイレで練習しなかったため、トイレでできるようになるまで3年以上の時間がかかりましたが、おしっこやうんちのあとのベランダの掃除から、掃除に関心をもったのは怪我《けが》の功名でしょうか。失敗も成功の母にはなりますから、失敗を恐れず、チャレンジしましょう。ピンチをチャンスに代え、転んでもただで起きない私の人生のスタートは、この経験があったからかなぁと、今改めて思っています。

将来の自立に向けて(特に母親は男子トイレには入れませんから)、幼児のうちに自分でトイレで用をたせるよう取り組むことは大切ですね。トイレの学習ができていないことは、成人になって社会参加の範囲をずいぶんとせばめるので、これは幼児期、学童期までにしてほしいことの一つです。

もちろん成人になってもできなくても、「移動支援」等では同性が介助するなどで、さまざまな活動が可能ではありますが、でもできたほうが、活動の幅が広がり、支援は少なくてすむし、本人が主体的に生きていけますので、大事な自立のスキルですね。わが子は3年以上かかりましたが、根気よくすればできます。本人にとってもトイレで用をたせることは快適な生活になることは間違いないので、その感覚を教えてあげて、思いに寄り添った支援をしてください。

先輩、相談です。

思いとスキルを育てる

5歳 | 男子

ASD

保育園に在籍

20 「自分の体を清潔に保つ」を教えるにはどうしたら?

顔に水がかかるのをいやがるので、まだ顔を洗うことができません。ぬれたタオルでふいています。歯みがきは、小さい頃はおとなしくみがかせましたが、自分でするようになってからはほとんどまねだけになっています。洗顔や歯みがき、入浴など、「自分の体を清潔に保つ」はどのように教えたらいいでしょう。

自立のために欠かせないけれど…

「自分の体を清潔に保つ」ことは、自立には不可欠です。朝、顔を洗うことと歯をみがくことからスタートですね。大人になって働くときにも清潔感は不可欠だし、歯が丈夫なのは健康と長寿を保証してくれます。

息子は、赤ちゃん時代は私がガーゼで顔をふき、そのあとはお湯につけたタオルを絞ってふいてあげていました。幼児期に自分で両手を使ってお湯をすくって顔を洗うことはできませんでした。お子さんと同様、息子も、洗髪も含め顔に水がかかるのを極端に嫌ったのです。

息子の場合は水泳のおかげでできるように

洗顔は5歳になってやっとできました。きっかけは、水泳を始めたこと。顔を水につけてビート板で泳がなくてはならないので、顔に水がかかるのに慣れたのでしょう。水泳ができるにも時間がかかりましたが、8歳の頃には「魚になったてっちゃん」と言われるくらい水泳も潜水も得意になりました。スイミングクラブも弟と一緒にスタートしましたから、弟が怖がらずにすることにはまねしてやることができたのです。水に顔をつけることができたら、洗顔もほどなくできました。

自分でさせる歯みがきは興味づけから

歯をみがくほうは、乳幼児期は最初はガーゼで、次いで小さなブラシで、私の膝に頭を乗せてみがいていました。よだれがたくさん出る子で、自浄作用で虫歯ができにくかったようです。多動時代に入ると、膝でじっとしなくなり、歯ブラシを口に入れてもすぐかんでしまうので、自分でさせるしかないと思いました。

私が歯みがきするところを見せたり、テレビの子ども番組の歯みがきの指導場面を見せたり、また、大好きな絵本『はははのはなし』（かこさとし文・絵、福音館書店、1972年）も見せて読み聞かせをしました。絵本の歯に歯ブラシを当てて、「歯みがき、シュッシュッ」と歌いながらまねをさせました。4歳半で保育園に入って、園児全員でする歯みがきは興味津々で、クラスメートがいい先生になってく

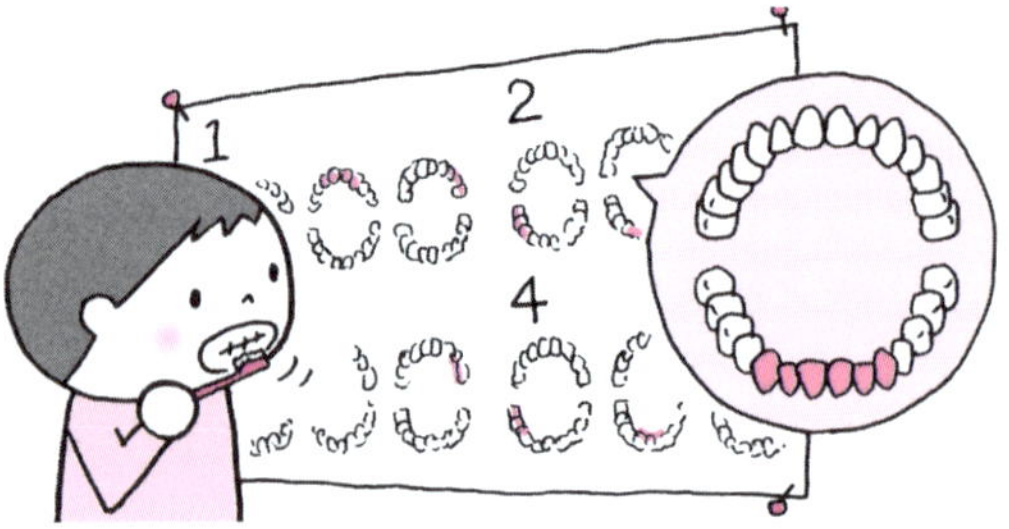

れたようです。

弟が1歳半になってからは、私が徹之のときと同じようにするのをおもしろがって、自分も歯ブラシを持ってきては、そばでまねをして、ときには私にしてくれと要求しました。

みがき方と順番を定着させて習慣に

口を「イーッ」と半開きにして前歯をみがくのは、赤ちゃんのフッ素塗布時代から通っていた歯科医院（家族全員の主治医）の歯科衛生士さんからの指導でできました。

私はA3サイズの紙に上下全部の歯の絵を描いて、みがく順番を示しながら教えたので、順番が決まっていることに関してはそれを守る特性があり、今も歯みがきは継続して朝、昼（職場で）、夜と、みがいています。歯科医院で3か月ごとに定期健診を受けており、神経を抜いたり、抜歯したりした歯は1本もなく、健康な歯をしています。ときには小さな虫歯を治療していますが、「８０２０運動」の80歳で20本はたぶん達成確実でしょう。

歯が丈夫なのは食事もおいしく、奥歯がしっかりしているのはがんばるときに力が出せるようですね。

湯につかると満足顔、洗い方は徐々に教えていった

息子は赤ちゃんのときの沐浴《もくよく》から始まって、お湯につかると満足そうな顔をしておとなしくなる子でした。7歳の頃まで、夫が早く帰宅したときは夫と、多くは私と入っていましたが、社宅の浴室はコンクリートの打ちっぱなしで、そこに檜《ひのき》の木製の浴槽を購入して入れ、すのこを置いただけの洗い場の狭い浴室なので、胸や手足を「タオルに石鹸《せっけん》をつけて、ごしごし」と歌いながら洗ってあげるだけで、小学校に入るまでは自分でする体の洗い方を教える機会がありませんでした。

月に1回は銭湯に行って（そのときは友達も一緒に）、広いお風呂場で、友達が洗いっこするのを見せたりしながら、体を洗ってあげます。弟が「ジブンデ」と言って自分で洗いたがるのを見て、徹之も「ジブンデ」と言うので、部分的には少しずつ教えていきました。きちんと教えたのは、九州に引っ越して、広くて明るい琺《ほう》瑯《ろう》のお風呂になってからです。

手順はこのように

お風呂に入る手順は、

①脱衣所のカーテンを閉める
②パンツを脱ぐ
③お湯をくんで肩からかける

④おちんちんとお尻を洗う
⑤湯船につかる
⑥湯船から上がる
⑦タオルをたたんで石鹸をつける
⑧手（右・左）、首、胸、おなか、背中（両手でタオルの端を持って）、（続いて）お尻、おちんちん、足（右、左）の順番で洗う（私があとであごの下、わきの下、足裏や耳の後ろなどは確認し残していたら洗う）
⑨お湯をくんでかけて（またはシャワーで）石鹸を洗い流す
⑩ときどき（今は毎日）シャンプーをする（髪を濡らす→シャンプーする→お湯で5回すすぐ→リンスをする→お湯で2回すすぐ）
⑪顔を洗う
⑫湯船につかる
⑬湯船から上がる
⑭タオルを絞って体をふく
⑮脱衣所に行ってバスタオルで体をふく
⑯パンツをはく
……といった順番で教えました。

教える過程で大事にしたことなど

次の「性のしつけの一つ」のところでふれますが、私は「人前でおちんちんを見せない」ことを教えたいと思い、お風呂に入る前に、部屋で裸になることも、裸のままで部屋に出てくることもさせませんでした。

体の各部位を洗うために、「右手」「左手」など体の部位の名前を教えなければなりませんでしたが、これには遊び歌が役に立ちましたね。「右手を前に、右手を後ろに、も一度前に、よく振って」という「ホーキ・ポーキ」の歌で、前や後ろ、肩・肘・膝という細かい部位まで、歌に合わせて楽しく覚えてくれました。

一人でお風呂に入って、自分の体をきれいにするということが完全にできるようになるには5歳からスタートして8年ほどかかりましたが、介助しなくてよくなって楽になった以上に、「自分の体は自分のもの。自分で自分の体のどこでも触れる。自分の体を清潔に大切にする」ことを教えるきっかけになり、これが「服を着ること」や「食事をする」こと、「性のしつけ」の基礎になりました。

先輩、相談です。

思いとスキルを育てる

6歳　男子

ASD

幼稚園に在籍

21 性のしつけの一つ「人前で裸にならない」を教えるには？

大人になった障害者が人前でマスターベーションをして困る、という話を聞きました。ああ、そういうことにも前もって対処が必要だとショックを受けたのですが、であれば、小さいときから人前で性器を出さないことを教えておきたいと思います。「人前で裸にならない」を教えるにはどうしたらいいでしょう。

保育園で「性器いじり」を指摘されショック

息子が5歳頃のこと。保育園に迎えに行ったとき、年配の先生から「てっちゃんはおちんちんを触る癖がある。性器いじりをしているのではないか」と言われました。その「性器いじり」という言葉に、ショックのあまり返答ができませんでした。その言い方に、なぜか将来「性の問題」を起こしてしまうような恐怖を覚えたものでした。自宅に戻り、なぜおちんちんを触るのか、家での様子も併せて考えました。

結果、連絡帳に「それはおしっこをしたいときで、性的な快感ではないように思えます」と書き、「そのようなときは『おしっこしたいのでしょう。トイレに行き

ましょう』と、声かけしてくださいませんか」とお願いしました。

まだ「おしっこ」と言葉で伝えることができないときで、家でもおしっこしたくて、うずうずしているとき、私は「自分からトイレに行くようになればいいなぁ」と思い、少しの時間は見て見ぬふりをして、息子が自分で行くのを待っていたりするのですが、ついかわいそうになって「トイレに行こう」と声をかけてしまいます。おしっこを我慢するのはつらいですものね。保育園にはさらに、「おしっこを我慢する間、おちんちんを触っていて、これをきっかけに触るのが癖（こだわり）になるのは困りますから、トイレに行くよう促してくださいませんでしょうか」とお願いしました。そして「私もおしっこ以外のときはおちんちんに触れないように教えます。男の子ですから、大人になってどうしても学んでいかなければならない『マスターベーション』については、時期が来たらきちんと教えるようにしたいと思います」と続けて書きました。

「おしっこ」と言わせるための叱る指導に困惑

担任の若い先生から「ズボンに手を持っていくのは知っていますが、マスターベーションとは思っていません。おしっこのとき以外はやらないからです。私たちは手をズボンに持っていくときは叱ることにしています。というのは、言葉かけをしないといつまでも動かないのでは困ります。手をズボンに持っていくことを禁止し

ていると最終的には『おしっこ』と言ってくれるからです。少々パンツにおもらししても、言葉で相手に伝えることが大事だから、言うまで待っているのです。『おしっこに行きなさい』と言うのは簡単ですが、そうするといつまでも言葉が出てきませんから」との答えでした。

言葉を出すために今はそういう方法はとらないでしょうが、当時は「切羽詰《せっぱ》まったら言葉が出る」というのがあたりまえだったのでしょう。健常児だけが対象の保育園でしたから（2年間の運動の結果、障害児統合保育の第1号で入園できました）、このやり方でも成功したのでしょう。言葉で意思が伝えられない子どもは多くいますから、話せない子にとってはこのやり方は地獄ですね。言葉でなくてもサインやカード提示という方法を使ってほしいです。当時はすべて「言葉」がコミュニケーションの基本でしたから仕方ないのでしょう。

ポジティブに考えれば、息子は「おしっこ」や「しっこ、まんたん」という言葉を出したのですから、結果的には成功したのですね。私はこの指導方法を責められません。しかし、叱って育てるこのやり方は息子にはちょっとつらかったかなと思います。否定的でなく肯定的な指導を願ってやみません。

当時、障害児・者の性はタブー

このとき、私が「性器いじり」という言葉に「マスターベーション」を連想して過剰に反応したのには理由がありました。直前に、障害児・者の親の会で行った旅行先で、入所施設に入っている（そのときは帰省中の）男性が車中で突然マスターベーションを始めたのです。お母さんは恥ずかしそうに「端っこでね」と優しく言ってその青年を隅につれて行かれました。年配のお母さん方は「まぁまぁ」という感じで動じなかったのですが（「すごいなぁ！」）、30歳の私はドキドキし、もし息子が同じことをしたら、平然としていられるか自信はまったくありませんでした。先輩のお母さん方は「施設では禁止されているから、たまに自宅に帰ったときくらいは自由にさせてあげたい」と言っていました。

そういえば当時のある講演会で、性の質問が出たとき、講師が「マスターベーションをしないように、疲れるくらいマラソンをさせたりして運動をさせること。もし人前でしていたらこっぴどく叱ること。たたいてでもやめさせるしかない」と、堂々と答えていました。

マスターベーションは正常な生理現象のはず

私はびっくりしたと同時に、その回答になぜか怒りを感じました。マスターベーションは体罰で抑えるものなのでしょうか。薬剤師の私は生理学の知識もあります。大人の男性のあたりまえの生理現象と知っています。施設の職員だって講師の先生だって、自分はマスターベーションをしていないのでしょうか。なぜ障害者には禁

止をするのでしょうか。「女の人に触りたくなって、性犯罪を起こすから」だそうですが、女の人に触りたくなるのも自然な生理現象ですね。だから子孫を残せて人の歴史がつくられるわけです。そういう気持ちこそ正常なのですよね。マスターベーションを禁止したほうが、ストレスがたまってむしろ問題行動が激化するのではないでしょうか。禁止されたがゆえに問題行動が激化して、結果薬物療法で多量の薬をのむことになった例も見てきました。

そうならないように、約束事を決めたり、自己コントロールの仕方を教えるのが教育ですね。教育するスキルがないから、簡単に禁止するというのは間違っていますね。本人の問題でなく、まわりの責任と思います。人権や人間性を無視することなく、マスターベーションに関しても、場所と時間等の約束事を決めて、「していいこと」を、息子にはやがて伝えたいと思いました。

当時は、指導・教育する立場のほうが誤った性のイメージをもっていたように思います。私も「性器いじりをしている」との保育園の先生の言葉にショックを隠しきれなかったので、同罪ですが……。

今は、学校でも当事者がわかるようにきちんと体の仕組みや性についても教えられ、マスターベーションも当然のこととして許可されているだろうと思います。

羞恥心はあてにせず、ルール化で対処

これらの体験から、私は「徹之《てつゆき》は男性だから、当然時期が来たらマスターベーションをしてもいいけれど、人前でしたら恥ずかしいという気持ちを将来とももてるかどうかは疑問」と思いました。当時の専門家は、ASD（自閉スペクトラム症）の人は羞恥心をもつことができないといっていました。他人が自分をどうみているかや、周囲の状況や人間関係を理解できないからだそうです。

それで私は、恥ずかしいということがわからないなら、その感情をあてにしないで、「人前でおちんちんを出さない」ことだけ教えようと思いました。家ではお風呂に入ったときに、脱衣所からパンツは必ずはいて出てくること、お風呂を出てから裸で部屋をうろうろしないことなど、ルールを決め、父親にも弟にも同じように頼みました。外でも、プールに入るために水着に着替えるとき、バスタオルを巻いてから（バスタオルは筒上に縫って上にゴムひもを通したものを用意）、パンツを脱いだりはいたりさせました。「人前でおちんちんを出さない」という約束を守ることができれば、当然人前でのマスターベーションはあり得ませんね。５歳から思春期まで完全に守ることができたので、問題はまったくありません。

先輩、相談です。

思いとスキルを育てる

4歳　男子

ASD

保育園に在籍

22 偏食がひどくなりました！

ごく小さい頃は何でも食べたのに、徐々に好き嫌いが出て、一度いやとなったら頑として食べません。保育園でも保育士さんを困らせるようになりました。いったいどうしたものでしょうか。

息子も一時期給食を拒絶

息子は小学校3年生まで給食を食べることができませんでした。また多動で、落ち着いて食事ができませんでしたから、外食（レストランで食事）をしたのは小学校5年生になってからです。でも、今は何でも食べることができますし、高級レストランでフルコースの料理も、きちんとマナーを守って食べています。ですから、今偏食だからと悩まないでください。

ただ今でも、彼は白いご飯にふりかけがないと食べられず、食へのこだわりはあります。親が用意するお弁当（中学校1年生から44歳の今まで33年間お弁当を持

参）には、必ずふりかけをかけます。決まったメーカーのふりかけを彼は山のように購入しており、食卓のテーブルに「箱庭」のような形でふりかけと醤油《しょうゆ》さし等の調味料をきれいに並べて（配置にもこだわり）、前日の夜「ふりかけを確認します」と、翌日のふりかけを3種類（多いと思うのですが）決めてその袋の角を折って用意します。朝6時に起きたら用意されたお弁当にすぐかけます。

さらに「ご飯を減らします。ご飯を減量しました。おかずを減らします。おかずを減量しました」というフレーズを3回言って、2段式の並べたお弁当箱から少しのご飯とおかずを数品お皿に取り出して、お弁当を組み立てます。箸やお弁当、布巾（職場で食後に洗ってふくため）を入れてナフキンで包んで、輪っかでとめて、かばんに入れます。中身を減らすのは何の儀式かわかりませんが、20年近く行っているこだわりの言葉と作業です。ただ、この言葉が小学校の給食時代に言えたら、給食も拒否しなかったでしょう。言葉でコミュニケーションがとれないときでも、「減量カード」や「おかわりカード」等が用意されて、自己選択できれば、給食拒絶などしなかったかもしれませんね。

乳幼児期は何でも食べたが、食への意欲は薄い？

息子も、乳幼児期は、私が育児書どおりに栄養のバランスよく作った離乳食を、素直に何でも食べてくれました。新発売された乳幼児用のレトルト食品も加えて多

くの食品を試してみました。味覚は小さいうちに決まってしまうので、いろんな味を体験させることで偏食が防げるといわれていましたから、栄養や味覚のバリエーションを心がけたつもりでした。何でも食べたので、特に好き嫌いはないのだなぁと、子どもの食事はこんなに簡単なのかと、思ったものでした。

ところが、弟が生まれてから、その違いに驚きました。弟は、テーブルにはい上がって食べ物に向かっていくほど貪欲で、好みもはっきりしていました。好きなものは全身でうれしそうにし、いやなものはペッと吐き出したりして、反応が大きいのです。それに比べて徹之はコンビラックに座って、目の前のテーブルに載った食べ物に手も出すことなく、私が口に入れたものは何でも食べました。反応のなさを不思議に思ったものでした。4歳の保育園入園までにはスプーンやフォークの使い方もマスターして、どうにか自分で食べられるまでになりましたが、弟と比べて自発的に手を出すことがなく、食事に対して意欲が薄いことは心配でした。

こぼしても、上手に食べられなくても、叱ることはまったくしなかったので、食事がいやなのではないとは思っていました。

入園後、給食、野菜類へと食べられなくなって…

保育園に入園してからは、給食はまったく食べられませんでした。持参させたパンは食べるものの、給食にはまったく手をつけません。環境の変化に対しての不安感が食事拒否になったのでしょうか。自宅では何でも食べるので「給食を食べなくてもいいかな」と思っていたら、3か月もすると自宅の食事も、野菜類から食べなくなり始めました。私は、幼児期の偏食で栄養のバランスがくずれると成長に影響するのではと心配になりました。

野菜の成長過程から本物を教えよう

ちょうど、言葉の意味がわかること（概念形成）を目標に、実物に接することをさせようと、ベランダであさがおなど花を植えていました。あさがおはラッパ形の絵に描かれた花だけがあさがおでなく、種から葉が出て、つぼみになった花が咲くという成長過程すべてがあさがおですね。色も赤、青、紫、白などいろいろあります。そういう概念を身につけさせたいと考えていました。いろんな種類を鉢植えにして、息子に水やりをさせて一緒に育てました。

同じように、トマトやきゅうり、なす、ピーマンなど野菜も、成長過程から本物を教えようと、1階のベランダ横の庭に植えることにしました。ベランダの掃除から水大好き人間になっていた息子の日課として、花や野菜の水やりをすることで、これら植物の成長を観察できました。芽が出て、花が咲いて、実がなって……。実ったきゅうりやトマトを弟が「がぶり」と食べると、徹之《てつゆき》もまねして「がぶり！」二人ともおいしそうな顔をして、大成功でした。

一緒に買い物・料理をし、材料がわかると食べるように

また、スーパーマーケットに行って一緒にじゃがいもやにんじんや玉ねぎを買って、カレーライスなど一緒に作りました。言葉の学習でじゃがいももにんじんも実物とマッチングずみでしたが、料理をすることで概念形成はより確かになりました。

特に給食の肉じゃがを食べなかったので、大好きなカレーライスと同じ材料でできるということを教えたくて、「肉じゃが」作りにも挑戦しました。同じ材料とわかると安心したようです。保育園で調理室に入れさせてもらい、作っているのを実際に見させて、やっと食べるようになりました。保育園では、強制しないで、食べなくても叱らないで、食べたくなるような工夫をしてくれたので、1年かかって徐々に、保育園でもみんなと一緒に給食を食べられるようになりました。

小学校の給食は、また完全拒否

小学校に入って、5月から給食が始まりました。私が付き添っていたときは時間がかかっても給食は全部食べていたのですが、付き添いが送迎だけになった頃から食べたがらなくなりました。給食も教育の一環と「給食指導」をされたせいか、食べるのを拒否するようになりました。頬を軽くたたかれると、仕方なしに食べてはいたそうですが、そのうち吐くようになり、完全拒否です。まったく食べなくなりました。自宅から持たせたお弁当も食べません。

でも、帰宅したとたんに「ホットケーキ」「クッキー」などと言っておやつを要求し、夕食も食べてくれ、栄養は摂れているので、「給食は食べなくてもいい。いつか食べるだろう」くらいに考えるようにしました。学校に入って、クラスメートも多くなり、言葉での一斉指導になって、息子にとっては不得手な環境で、新しい場面への不安感が給食拒否になったのかもしれません。

「食事は楽しく」を優先することに

保育園と学校はまったく環境が違っていました。保育園ほどには、担任との話し合いも家庭からの協力もできませんでした。障害児の統合教育として就学できましたが、小学校1年生の息子に対し、劇的に変化した環境をわかりやすく安心できるように整えてあげることができなくて、申し訳ないことをしました。でも給食を食べないこと以外は、学校生活はいやではなかったようで、支援してくれる先生やクラスメートが好きになって、楽しく過ごせたようです。

自宅での食事も、ハンバーグとカレーライスと焼きそばなどパターン化していき、何でも食べるということがなくなりました。偏食になった息子に、嫌いなものにチャレンジさせる余地はなく、好きなものしか食べなくても喜ぶ顔が見たくて、好きなものを出しました。「食事は楽しく」ですから。食事がいやな時間になってしまわないようにはしなければなりません。食べることが苦痛になっては不幸ですもの。

先輩、相談です。

思いとスキルを育てる

小1　男子

ASD

通常の学級に在籍

23 食べられるものがごく少なく、給食が苦痛なようです

アスペルガータイプのASD（自閉スペクトラム症）です。学習面で困ることは今のところありませんが、食べられるものが限られているため、給食の時間がたいそう苦痛なようです。医師からは、感覚的に受け付けない食品については仕方がないと説明を受けています。

転校先で給食時間が楽しいものに

長男徹之《てつゆき》が徐々に偏食になって、保育園や小学校の給食を食べなかったことは22でお話ししたとおりです。小学校2年生になって、夫の転勤で、九州に転校することになりました。1年生の最後まで給食が食べられませんでしたから、転校先でも「たぶん給食は食べられない」と伝えました。

担任の先生は「お昼を食べなくても死にはしませんよ。クラスメートがおいしそうに食べるのを見ていたら、そのうち食べるかもしれませんよ。食べたいと思うまで待ちましょう。その代わり当番はしてもらいますね」と、給食当番の役は割り当

てくれました。机をふいたり、おかずを「〇〇さん」と一人ひとりの名前を言ってうれしそうに配ったりしたそうです。クラスメートも「てっちゃん、このお肉おいしいよ」と、食べるように誘ってくれたりもしたそうです。

こうして、給食時間が苦痛でなく楽しいものになっていきました。

偏食の要因と私自身の接し方と…

また、給食室の見学もさせてもらい、同じ料理を前日に徹之と一緒に作ったりして、材料や食感に慣れるよう試みました。新しい社宅では、さらに広い庭を借りて、野菜を作り、息子にわかるように絵をいっぱい入れたレシピも用意して、夕食やおやつのパイやクッキーなどを一緒に作りました。もちろん息子はじゃまをするだけの遊びのようなものでしたが、すこしずつ料理の名前も覚え、好きな食べ物が増えていきました。

さて、あの偏食の時期、息子には味覚など感覚の異常があったのでしょうか。保育園入園時、小学校入学時、転校時と、それぞれ新しい環境になったタイミングでしたから、その変化に対応できず不安感で起きたことでしょうか。大集団になり、聴覚的に過敏だったので、うるさくて食事に専念することができなかったのでしょうか。変化自体への抵抗だったのでしょうか。

もしかしたら当時の私は、次々起きる問題行動に対して子育ての不安感があって、

「食べることが楽しい」と思えるような接し方をしていなかったのではないかとも思えます。

今では偏食なし、健康体でいる息子に思う

今わかることですが、偏食を治そうと食事だけに注目しないで、人間関係を育てることや社会性を身につけさせることを考えたほうが解決には早道と思います。

息子は、人が好きになり、体験が増えるにつれて社会性が広がり、その中で偏食が改善されていったようです。小学校4年生の頃には食事に心配はなくなりました。息子の5歳から8歳頃にかけて、私の障害に関する価値観が180度変わっていきました。指導訓練から、環境整備して「地域と本人主体」を基本においた子育てをしようと決心した時期でもあります。私が「徹之の気持ちを知ろう」と視点を変え、子育ても目標を「思いを育て、思いに寄り添う」にして、私のかかわり方が変わったので、息子も変わったのかもしれません。親の価値観は大事ですね。

今、息子はまったく好き嫌いがなく、新しい食材も自ら購入して、夕食は毎日自分で料理をしています。お酒大好き人間（酒豪）ですから、お酒のおつまみ作りは上手ですよ。健康診断の数値もまったく正常で、肥満度0、もう44歳、中年ですが、生活習慣病にもならず、まったく薬いらずの健康体です。幼児期、学齢期に偏食で悩んだことが嘘《うそ》のようです。

コラム

料理が算数の勉強にも!?

息子と一緒に料理をすることには、うれしい副産物もありました。ケーキ作りなどはレシピに小麦粉の重さや焼く時間などが記されているので、重さや時間の概念など、算数の勉強にもなったのです。ホットケーキなどを4分の1に切るのに分度器で測ったり、アップルパイのときはものさしで○センチと長さを測って来ている友達の人数で分けたりしたので、自分が食べる量が多かったり少なかったりして、数の概念が本物になりました。

ＡＳＤの人は1センチと1メートルの違いがわからないといわれていました。映画『レインマン』にも、あめの値段と車の値段の違いがわからないというエピソードが使われていましたが、買った経験などしていないと概念形成はできないですね。

先輩、相談です。

思いとスキルを育てる

小4 男子

ADHD

特別支援学級に在籍

24 「食事中は席を立たない」を教えたい

じっと座っていられず、食事の途中でも立ってうろうろし始めるので、外食はあきらめています。でも、将来のことを考えると、なんとか「食事中は席を立たない」を教えられたらと思います。

食事より「トイレ探検」が先に立つ息子

わが家でも、息子を連れての外食は難題でした。

幼児期からの偏食対策の一つとして、決まった時間に決まった場所で食べることをしましたので、家での食事はどうにか落ち着いてできました。子ども用のおそろいの椅子に座って、弟と一緒に並んで食べることもうれしかったようです。

偏食が改善されたので外食を考えましたが、レストランで、座って食べるという食事のマナーが、息子にはまったく通用しなくて困りました。トイレに興味があって、行った先ではどこでも必ずトイレに直行して、何度もトイレを見に行くのです

（私は「トイレ探検」と称していましたが、先方からは「トイレ荒らし」と言われましたね）。椅子に全然座ろうとしません。特に小さな子がトイレに行こうものなら、その様子を見たくてついて行きます（「トイレで用をたす」学習がこだわりになったと反省しています）。

単品を出す食堂にチャレンジ

家で作ったラーメンや餃子《ぎょうざ》が好きになった頃、ラーメン店や長崎ちゃんぽんのお店に行きたいと意思表示が出るようになりました。社会参加は大歓迎です。チャレンジすることにしました。

最初はラーメン屋さんなど単品の食堂へ行きました。行く前に近くの公園などで十分走り回らせておなかをすかせておきます。お店に入ったら、注文を先にして、それからすぐ、トイレ探検を満足するまでさせました。椅子に座ったら「手はお膝」と言って待ちます。単品だから数分もたたないで食べ物が目の前に来ます。数日前に一人で行って注文して、食事が出てくるまでの時間を調べておくこともしました。座って待つ時間を短くすることで、迷惑が少なくなりますね。

食堂は食事をするところ、椅子から下りたら食事はおしまい

食べ物が来たら食べることを楽しみ、食べ終わったら即帰ります。食堂は食事を

するところと教えたかったのです。
息子が途中で席を立ってうろうろしたら食べ物は下げてもらい、そこで食事は終わりにします。食べたいそぶりをしてもここは譲れません。そして、立つときは「おごちそうさま」と言わせます。「椅子から下りたら食事はおしまい」とわかるようになり、食べ終わるまで、席を立たなくなりました。

次にメニューが選べるところへ

次いで、長崎ちゃんぽんのチェーン店で餃子を食べる練習。このお店は餃子以外にちゃんぽんやデザートなど品目がたくさんあるので、彼にメニューを見せます。自分の食べたいものを、たくさんのメニューの中から選べます。

この時期には「選ぶこと（選択）」ができていましたので、ファミリーレストランは「自分の食べたいものを選べる」という、自分の思いがかなう最高の「選択」の場となりました。

息子は、どこに行っても（アメリカ、中国、韓国など外国でも、言葉はわからなくても）、写真のメニューから、食べたいものを選べます。自分で選んだものだから、（自己選択して自己決定したのですから）ちょっと違っていても食べます。自己責任です。そしていつも「ごちそうさまでした。おいしかったです！」と挨拶して、満足そうに帰っていきます。

コラム

食べる量をどう考えるか

息子が子どもの頃、「おなかがすいた、食べたい」という思いが育つように、体を使った運動や外遊びをいっぱいしました。実際おなかがすいているときはさっと食べてすぐまた遊びに行きましたが、まったく食べないときもあり、そういうときはさっさと片づけました。今でも食事を残すことがあり、「もういりません。お母さんが食べます」と言ったり「生ごみにします」と捨てたりしているので、食の量（食べたい量）は、その日の消費エネルギーで日々違うと思っています。

今は自分で夕食を作っており、食べたいものを食べたい量だけ作るので、食品の種類や量に干渉しません。酒量だけは心配ですが、食事の量と質は健康を保つには十分と思います。唯一こちらの意思が反映するお弁当だけは食品30種類以上と栄養バランスを考えて作っています。もしかしたら、食べたくなくて「生ごみにします」と職場のごみ箱に入ってしまうものもあるだろうとは思いますが、それはよしとしましょう。

先輩、相談です。

思いとスキルを育てる

小2 男子

ASD

通常の学級に在籍

25 毎日同じ服を着ています。将来TPOに合った服装ができるようにさせるには？

好きにさせると毎日同じ服ばかり着ています。見た目の色やデザインだけでなく、肌触りの好みもあるようです。季節や天候は考慮のほかです。子どものうちはまだしも、いずれ常識やTPOに合った、きちんとした服装ができるようにさせたいものですが……。

黄色い、丸首の服しか着なくなった

「同じ服しか着ない。色にもこだわり。同じメーカーのものしか着ない」では、おしゃれをする楽しみが減ってしまいますね。アカデミー賞受賞の映画『レインマン』でも、ダスティン・ホフマン演じるASD（自閉スペクトラム症）者が「決まったメーカーのパンツしかはかない」というASD特有のエピソードが描かれていました。

息子も、衣服の着脱を教えることは比較的簡単にできていたのですが、突然、襟のある服が嫌いになったのです。今思うと、感覚過敏の特性が出てきて、首筋がち

くちくしたのでしょう。今でも襟にタグがあると切り取っています。ちょうど、はさみを上手に使えるようになっていた息子は、すべての服の襟を切り落としてしまいました。襟のある服を着なくなったため、丸首の服しか買えなくなりました。

また、ある一時期黄色にこだわり、黄色の服しか着なくなりました、すなわち黄色の丸首の服しか買えなくなりました。ほかの服を着せようと用意しても、逃げ出します。超多動になった時期で、服を着せるのに追いかけっこです。毎日黄色の同じ服ばかりでは、服装の楽しみがせばまってしまいますね。黄色にこだわることに関しては、お絵描きするとき、ほかの色の服を着ている徹之《てつゆき》の絵を描き、首まわりの皮膚の過敏性に関しては、乾布摩擦などを心がけました。

自分で選んで服を買うところから

このこだわりからどう脱却したか、具体的にお話ししましょう。

当時、息子はお菓子などを勝手にお店から持ってくるので、「物とお金の交換」を理解させるべく、いたずらした多くのお店に協力してもらって、毎日「買い物」の学習をしていました（32参照）。それで、息子にとっては関心のなかった（ゆえにいたずらしてはいない）洋品店での買い物にも連れていくことにしました。私が用意するのをやめて、息子が自分で着る服を選ぶようにさせようと考えたのです。それにあたっては、「服を買う」ところから自分で選ばせようと思いました。

一緒に洋服店に行って、「てっちゃんのお洋服、買おうね」と言って、私が彼の好みそうなキャラクターや電車や動物などの絵がついたものなど、事前にお店と相談して調べておいたものを、彼の前に数着並べて、その中から彼に選ばせました。最初は意味がわからず適当にかごに入れていたようですが、お金を払うときに「てっちゃんが選んだ洋服」と意識づけをして、買ってきた服は、特に見えるように並べておきました（壁一面の棚に衣服を畳んで並べ、見えるようにしています）。

外出時には、そこから1着でなく数着を取り出して、並べて、彼にその中から選ばせました。息子は最初はいつもの好みの服を選ぼうとしますが、前日買った服をちらっと見たりして関心は示します。それを、タイミングを見計らってさっと渡して「これ、てっちゃんが買ってきたね。かわいいね。かっこいいね」と言って、ちょっと強引に、うむを言わさず着せたりしました。パニックは起こさないな、機嫌はよさそうだなと思えるときは、少々強引にやっても大丈夫でしたので……。

また、買うときに、「この洋服、○○に遊びに行くとき着ようね」とか「○○ちゃんの誕生会に着ようね」と着る日を提案したりして、意識づけをしました。「○月○日に着る服」と前もって予告し、カレンダーに既成事実として記入するのも、効果がありました。

こだわりに乗じて…

また、日頃から弟との関係性を大切にしており、遊園地などへの外出時にはおそろいの服で外出することも私の楽しみでした（徹之が迷子になっても、弟の服装を示して、何を着ているか説明ができ、見つけやすいこともありましたから）。それで外出時に、先に弟に着させて、「Mちゃん、かわいいね」と水を向けると、外出時にはいつも「弟とおそろいを着る」というのも徹之のこだわりの一つになっていたので、仕方なく弟と同じ服を選ぶこともありました。

こだわるからといって、ずっと同じ服では生活の質（Quality of Life；QOL）」は貧しくなりますね。でも、「それはだめ、これを着なさい」と否定と強要をすると、なおこだわりが強くなるようです。それで、自分で買うとか、自分で選ぶとかして、服の好みの狭さ（こだわり）を広げて（薄めて）いくほうが早道と思えます（関心のない買い物に連れていくのは大変でしたが……）。

本人の選択は原則、尊重する

衣服は目に見えるように整理して、自分で選べるようにしましょう。毎日着るものですから、日々続けていけば、好みは自然と広がると思います。

小さいときは、親が選んで、外出時に着替えやすいように順番にかごに入れておいて（並べておいて）、自分でできるという「身辺自立ができる」ことが第一目標でした。次いで、TPO、たとえば暑さ寒さに合った服装をするための学習が必要

になってきます。最初はいつも、彼に服を選ばせています。場所や季節に合わないものを選んだときでも、許せる範囲なら、彼の意思を尊重します。だいぶ違うかなと思ったときには、「今日は暑くなるから、長袖でなく半袖にしたほうがいいと思うよ」などと、アドバイスします。それでも「長袖がいいです」と言って、厚い生地の長袖を着ると主張するときはそのままにしておきます。意思の（愚行権も）尊重です。ただ、本人は帰宅したら汗びっしょりになっており、気持ち悪いのか、自ら積極的に着替え直していました。何事も体験ですね。

　言葉が話せるようになってからは（今も）、そのようなとき「明石《あかし》徹之は間違えました。○○にします」と言っています。変更することや間違うこと、否定されることを極端に嫌うＡＳＤの特性を強くもっている息子ですが、自ら変更や訂正するときはこの言葉を使うことで、混乱せずに変化に適応しています。彼は自分が納得しようとする魔法の言葉をもっています。今でも、いやな経験を忘れたいときは「明石徹之は生まれ変わります。生まれ変わりました」とよく言っていますので、忘れたいことがあるのだなぁと思ってこのフレーズを聞いています。これがあるからフラッシュバックなしですんでいるのかもしれません。ポジティブな徹之です。

寒暖を「見える化」して適切な選択につなげる

さて話を戻して、雨など目に見えるものに対しては「雨です。レインコートを着ます」ができますが、暑さや寒さに関しては、雨と違って見えないため難しいようです。今でも同様のようで、職場の上司から「雨のときはレインコートをすぐ着て仕事をするのに、『寒いから防寒着を着たら』と言っても、なかなか防寒着を着ようとしない」と相談が来ました。職員全員が防寒着を着ているのを見たら、息子はきっとすぐ「防寒着を着る時期だ」と納得して着たと思いますが、数人の人が着ていても多くの人が着ない場合は、変更は極力嫌うので、着ないほうを選びます。小学校の通常の学級にいた頃の習慣で、状況が変わるとき、大多数の人がするほうをまねしていました。「変更する場合、大多数がそうしていたら従うのですが……」と職場には答えたのですが、「大多数は室内作業で、明石さんは外掃除だから防寒着を着てほしい」とのことでした。

こういう場合、目に見える形にすることが必要です。それで前日に、ニュースの天気予報を一緒に見ることにしました。数字で「翌日の最高気温や最低気温」が出ます。前日の天気予報で確認して、出がけにオーバーで行くか薄手のコートで行くか、職場では「今日は防寒着を着るか」検討するのです。寒さが数字化して見えるようになりましたので、衣服を決めることが可能になりました。

TPOは何らかの形で「見える化」すればいいのですね。「遠足の日にはこの服を着る」と、自分で購入した洋服を、カレンダーの遠足の日に行き先と一緒に記入したりして、事前に納得する方法を心がけました。

先輩、相談です。

思いとスキルを育てる

小1　男子

ASD + ADHD

特別支援学級に在籍

26 お手伝いをさせるのは面倒だし、かわいそうにも思います…

学校の担任の先生から、役割意識をつけるのにお手伝いをさせてはと提案がありました。正直、教えるのに手間がかかるのでお手伝いをさせるのは面倒です。それに、障害があることを思えばかわいそうにも思います……。

水へのこだわりに困った結果…

子どもにお手伝いをさせるのは、その前にやり方を教えなくてはならず、手がかかります。本当に、自分でしたほうが何事もスムースにできます。もし長男徹之《てつゆき》が健常児であったら、たぶん私はお手伝いさせようとは思わなかったでしょう。お手伝いより「勉強しなさい」と言っていた親でしょう。どうしてお手伝いをさせるようになり、お手伝いがその後の就労等に役に立ったかの話をしましょう。

まずは水が好きという「こだわり」に困ったことから。超多動になった息子は、好奇心が外に向かって、よそのお宅の庭に入り込んでは、水道の蛇口を全開にして

ホースを振り回して芝生を水浸しにしたり、通行人に水をかけたりして、ご近所に迷惑をかけるようになりました。また、トイレに異常な興味を示し、どのような家でも建物でもトイレの場所がすぐわかるようで、よそのお宅に入り込んではトイレに直行し、トイレの種類や構造を確認しては水を流してくるのです。水を流すだけでなく、そばにあったものを水に流しては喜んでいたようで、トイレを詰まらせたり、まわりを水浸しにしたり。平謝りの日々でした。叱っても、家から飛び出しては「トイレ探検（トイレ荒らし）」です。

「だめ（×）」と否定するのでなく「いいよ（○）」と肯定するためには、このトイレや水が好きという好奇心（こだわり）を何かに役立てられないかと考えました。

「トイレ探検」から「トイレ掃除」へ

息子に将来できることは何があるかと考えたとき、「トイレ掃除」を思いつきました。トイレの設計技師やトイレ工事屋さんは無理でも、トイレの清掃屋さんにはなれるかも、なんて思いました。19で述べたように、息子にはすでにトイレ掃除（遊びですが）を教えています。そこで、トイレ掃除のプログラムを作りました。

①トイレ洗剤を3回振って出す
②トイレブラシでこする
③ハンドルを押して水を流す

④（私が固く絞った）雑巾で便器を拭く（その後雑巾の絞り方を伝授）
⑤（私が固く絞った）雑巾でタイルの床を拭く（その後雑巾の絞り方を伝授）

当初は③の水を流すことだけでしたが、小学校に入ってから「お手伝い」を実感させるために、私はこの手順を視覚的にわかるように、一つひとつの作業5個の絵を描いて、終わったら○をつけて、○が5個ついたら終わりと、「よくできました」の桜の花丸スタンプを文房具店から購入して押しました。学校の勉強もそのような形で評価されていましたので、お手伝いも学習という形態をとりました。

数年間は掃除は不完全でしたが（私が完成すればいい）、掃除ができていないことを責めたり、やり直しさせたりなど、強要や指示は一切しませんでした。私は息子と共同作業できることがうれしく、「きれいにしようね。きれいになったね」と声かけしながらそばにいてくれるのを喜びました。息子には「きれいになる」という抽象的な言葉はわかりませんでしたが、同じ手順で毎日すれば結果きれいになるので、同じ手順を教えただけです。

無意味な行動を意味ある行動、自立のスキルへ

ところが、今度はよそのお宅に行っても掃除をやりたがりました、特にあるメーカーの洋式の水洗トイレに興味を示し、訪問することが頻繁になったので、そのお宅でも掃除をさせてもらいました。

水は自立に役立ちますから、無意味な行動を意味ある行動に代えることができれば水へのこだわりは利用できます。トイレ掃除と同様、風呂掃除や窓ガラスみがき、床みがき、炊事、洗濯なども水を使います。本人が理解できるよう手順書（プログラム）を作って教えました。

体を清潔に保つにはトイレや風呂、洗面所などが大事で、その場所の掃除や作業もできれば健康な生活ができるというわけです。水へのこだわりが、自立のスキルを育てるチャンスになりました。

教えるのは大変でも、あとが楽！

最初に教えるのは大変でも（完璧にできるまで3年から5年の月日と手間がかかりましたが）、その後の30数年間、私はしなくてよかったのです。若いうちに苦労すれば、あとで楽になりますよ。

そばについて一つひとつ教えながら、実物を使うのですから、すべての家事が概念形成の教材になります。小学校高学年のとき、キャンプ場で、火を使ってご飯を炊くのもカレーライスを作るのも、うちの息子だけができましたね。包丁を使えたのも彼だけでした。料理は偏食やこだわりの改善から始めたことですが、興味を示したものならちょっと手をかけると乗ってきますから、将来の自立を考えるなら、こだわりのある時期から始められることをお勧めします。

先輩、相談です。

思いとスキルを育てる

小6 女子

ASD

通常の学級に在籍

27 独り言など、その場にふさわしくない行動をやめさせるには？

アスペルガータイプのASD（自閉スペクトラム症）です。緊張が高まると独り言を言う癖があります。学校では、先生もクラスメートも理解してくれ、受け流してもらっているようです。ただ、式典や校外見学など、やめさせたいときもあります。その場にふさわしくない行動をやめさせるには、どうしたらいいでしょう。

困った行動は山ほどある！

その場にふさわしくない困った行動は、数え上げれば山のように、たくさんありますね。息子の場合は、好奇心からお店のもの（特にコマーシャルで頻繁に出てくる薬局の商品）を取ってきたり、水でいたずらしたり、トイレ探検したり、スカートめくりしたり、唾をかけたり、独り言や不適切な言葉を言ったり、くるくる回ったり、飛び跳ねたり……。どれも問題行動でした。

夫は、これらの行動が恥ずかしいので、息子が小学校4年生くらいから一緒に行動することをしませんでした。恥ずかしいと思ってはいけないことは「障害者の権

利宣言」など学んで知っているのですが、それでも恥ずかしいので「恥ずかしいと思う自分が恥ずかしい」ようで、一緒に行動するのをいやがりました。

本人が困っているから出る行動なのでは？

私はそういうわけにはいきません。恥ずかしいのでやめさせたいと思いましたが、一つやめさせてもほかの問題行動が起きてきます。ですから、困った行動のみにとらわれずに、発達全体、生活全体をみていくしかないと考えました。

その行動の原因、そうせざるを得ない（たぶん困っている）、息子の気持ちを想像することから始めました。「困らないようにするための」環境整備で解決できるのではないかと考えたのです。その場にふさわしくない行動をして、社会参加を妨げているとしたら、そのバリアは何だろう、と視点を変えました。

障害特性に応じた対応が大切

相談は「独り言」ですので、以下は、今も息子がしている「独り言」についてお話ししましょう。

ＡＳＤの障害特性は、社会的コミュニケーションの質的障害が一番に挙げられますね。息子の言語発達は極端に遅れていました。オウム返しや独り言など奇異な行動もあり、それで早目に障害に気づきました。もし話ができていたら、気づくのが

遅れていたでしょう。ＡＳＤのうちでも知的障害があって言葉が話せないカナータイプだったからで、知的障害がない、言葉が使える（話ができる）アスペルガータイプは、乳幼児期では気がつきにくいですね。

お子さんはアスペルガータイプとのこと、普通のお話はできるのですね。でも声の抑揚や強弱がなく話しますか。また、相手の反応などにおかまいなく自分の興味の話題を一方的に話す、意図せず相手のいやがることを平気で言うなどの特性もあるのでしょうか。小学校６年生で特性に気がついてよかったですね。

障害特性を理解していないと、困った行動に対してただ叱るだけになっていたと思います。叱ることは力で抑えることですから、その時期にその問題行動が抑えられたとしても根本は解決していないので、ほかの問題行動が出たり、場面が違ったり力関係が逆転したりしたとき、その問題行動は復活するでしょう。

独り言は不安感を和らげ、折り合いをつけるためのもの

息子の独り言も、禁止することもできたでしょうが、私は副作用のない精神安定剤のようなものと、ずっと許容しています。

確かに叱ったらその場では止まります。しかし不安感が強い場合はすぐまた始まります。注意すればするほど声も高まります。そうなると精神安定剤に頼らなければなりません。独り言という「その場にふさわしくない行動」としてその場から排

除されてしまうのなら、薬物の力を借りて不安感をおさめるしかないでしょう。

独り言は、その場の環境に適応するため、折り合いをつけるために出るようにも思います。環境に慣れたら独り言はやむということもわかってきました。副作用のある精神安定剤より、副作用のない独り言をしばらくの間、まわりに認めてもらえたらありがたいと思っています。

相手との関係性や雰囲気にも左右される

定時制高校に入学した当初、はじめてASD児に接したある教科の先生が、息子の独り言を注意されました。その様子を、K先生が連絡帳で知らせてくれました。「ある先生が徹之《てつゆき》君の独り言をかなりひどく注意されたそうです。そのとき、一人の男子生徒が先生に抗議したそうです。この話を聞いて私はうれしく思いました。一人の生徒が友達をかばおうとして行動したのです。この生徒は今まで友達をかばって何かをしたという経験などなかっただろうと思われるからです。こうした経験を積んで、人は成長していくのでしょう。学校がよいところになってきていると、私は思った次第です」。

こう書かれたK先生の感性をうれしく思いました。K先生は息子の独り言も個性の一つと言われました。「個性」と温かい目で見てくれるK先生の授業では、まったく独り言は出ませんでした。受け入れてくれると実感できるから、心が安定して

教室にいられるのでしょう。息子に対して「この場（学校）にいてはならない存在（障害者）」とみる先生の授業は、認められていないことがわかって、不安で独り言が出てくるのでしょう。叱られれば、なお不安になって増えてきます。独り言は息子個人の問題だけでなく、相手との関係性や周囲の雰囲気、すなわち環境が大きく作用すると思います。

約束事を決めて

新しい環境に慣れるまで、「迷惑でなければオーケー」と認めてほしいですね。そして本人には「独り言を言っていい場面とだめな場面」を提示しましょう。たとえば授業中は言わない、しかし休憩時間は独り言オーケー、という具合に場所や時間を限定して許可することがバランスのとれた解決方法に思います。すべての場で一日中独り言を禁止したら、ほかの問題行動に発展する恐れもあります。

息子の今の職場では、事務所などほかの人がいる場ではだめで、一人で公園や園舎の掃除をしているときはオーケーというように、「約束事」を決めました。ところが、ある上司のとき、公務員にふさわしくない行動ということで「独り言禁止」が申し渡されました。息子は言葉で出すことができなくなり、代わりにその文字を空中に書くしぐさをするようになりました。そうすると「宙文字禁止」と言われたようです。注意されたことにはこだわるので、帰宅して寝るまでの間「宙文字書きません」と何度も言っていました。ストレス解消に、自宅ではせっせと紙に文字を書いていますが、職場では外仕事で紙に書くわけにもいきません。

その困った様子に私は思案し、その結果、手話を息子と勉強することにしました。手話は「目に見えるコミュニケーション」です。言葉を視覚化したもので、息子に手話は合いました。宙文字の解決方法が見つかって、熱心に手話を覚えていきました。「宙文字禁止」と注意を受けたら「これは手話です」なんて答えて、許してもらっていました。

内面を伺う情報源としての効用

その上司が代わり、今は宙文字も手話もしなくて、ときどき小さな声で独り言が出るくらいの安定した日常を送っています。

息子の独り言は、彼の心を知る情報減です。独り言を聞きながら、楽しい気持ちかつらい気持ちか、声や内容でわかります。彼は報告ができないので、学校や職場の様子がなかなかわかりません。しかし、たとえば叱られたあとなど、独り言を聞いていると、叱られたらしいことがわかります。彼は否定的な言葉にはこだわりが強く、何度も独り言の中にその言葉が登場するのです。困っても自分からは相談できませんが、独り言の中から困った内容を理解して、解決策を考えています。

先輩、相談です。

思いとスキルを育てる

小5　男子

ASD + ADHD

特別支援学級に在籍

28 「なぜ」「どうして」が、なかなか言えるようになりません

その日にあったこと、したことは、時間や場所を言って尋ねれば答えられるようになりました。でも、なぜそうしたのか、理由を答えるのは難しいようです。「なぜ」や「どうして」が言えると、お互いに理解できるし、何か問題が起きても、行動の説明がついて助かると思うのですが、なかなか言えるようになりません。

言えたら誤解されなくてすんだ、という経験はいつも

「なぜ」「どうして」の理由が言えたら誤解されなくてすんだのに、という経験を、私は今までたくさんしてきています。理由が言えると本当にいいですね。

一例を出します。電車を乗り継いで1時間くらいかかる遠方の職場に、息子が異動になって間もないときのことでした。ある日、いつもの時刻に帰ってこないので、心配になって最寄りの駅に迎えに行きました。通常より1時間以上も遅れて電車を降りてきた彼に、心配でたまらなかった私は「帰ってこなくて、お母さん心配したよ。何をしていたの？」と、つい強い口調で聞いてしまいました。彼は「遅くなっ

て、お母さん、ごめんなさい」と答えただけ。私は、「(乗り換えの駅から)○時○分の電車に乗りなさいね」と言いました(異動にあたって、何度も練習した電車です)。乗り換え駅で彼は何かしたと思いました。たとえば、ホームに飲みかけのジュースの缶などが置きっぱなしになっていると、「空き缶はリサイクル」と言って、中身を線路側に捨てて、空き缶を所定のボックスに一つひとつ入れてまわることをするので、ときどき乗り損ねたりしていましたから。

翌日、徹之《てつゆき》が遅く帰った件を連絡帳に書いたところ、職場から「昨日は清拭《せいしき》のタオルが足りなかったので、残業をしてもらいました」と書かれていました。息子は謝らなくてもよかったのです。

理由の引き出しに一つずつ足していく

それまで、一緒に公共交通機関利用の練習をしたときに、電車が遅れると、その理由を私は言って、日記など文字に残して、彼の記憶の倉庫に入力していました。それで彼は電車が止まったりしたとき、電車のアナウンスを聞いて、今までの経験とマッチングして、遅れた理由を報告することができました。でも、彼には「残業で帰りが遅れる」という言葉の引き出しはありませんでした。それまでの彼の勤務は「暦どおり、時間どおり」でしたから。この残業は私が想像していなかったので、言葉で引き出すことができなかった、叱るのでなくほめるべきことでした。この経

験で、遅れる場合として、「電車の車両点検」「停電」「集中豪雨」「落雷」「人身事故」などに加え「残業で帰りが遅れる」を入れました。

それ以前の時刻表にこだわりがあった時期、予定時刻に電車が来ないとパニックを起こしたりしていました。その後、彼は「余り差」という言葉を使って、「余り差10分」と言って、いらいらをコントロールするすべを見つけていました、今は理由がわかるので、納得して静かに待っています。理由がわかるといいですね。

子どもの経験に理由の言葉を添え続ける

「なぜ」の理由が言えるようにしたいと思って、学童期から、彼の経験に言葉を添えてきています。たとえば「ズボンにおしっこがかかったから泣いている」や「暑くてのどが渇いたからお水を飲みたい」など、その様子から理由がわかれば、行動に理由の言葉をつけ加えるようにしていました。

理由を言えるには、自分の行動がわかって、そこから気持ちや理由を引き出すのですから、高度なコミュニケーションになります。「なぜ」が言える前に、行動を言葉で言えるように、５Ｗ１Ｈ（いつ、どこで、誰が、何を、誰に（誰を）、どのようになど）を、時系列に整理して、絵日記に書くようにしていました。そのためには、私は彼の一日の行動を知って、2者または3者選択の形で聞き出しました。ときには私の見当違いや聞き間違い、思い込みなどがあって、理由の訂正を余儀なくされることが多々ありましたが……。私が関与していない場合、行動を知っている人からの情報や客観的事実（買い物のレシートなど証拠）を大切にしました。

理由を言う練習は今も継続中

15で述べましたが、要求の意思は「人に伝えたい」という気持ち（コミュニケーション・マインド）をまずは育てることが大切ですね。加えて、「なぜ」に対しての「理由」を言えるには、聞く側との信頼関係、お互いに気持ちが通じ合う関係がないと難しいように思います。「なぜか言いなさい」と叱るような態度では、理由の言葉は出てこないでしょう。

基本的に徹之の行動は善意で誠実ですから、「どんな行動にも理由がある」と信じ、言葉で言えない彼の気持ちに、「思いを寄せて、それをくみ取る」感性をこれからも研ぎすましたいと思います。まわりの「気づき」や「感じ取り」を重視し、一つひとつ経験させて、事例を増やすことでしょう。言葉で伝えることが不得手な息子は、今もまだ発達の途上にあります。相談の親御さんの場合も、日々の暮らしの中、お子さんの様子から「なぜ」が引き出せるのはないでしょうか。お互いに、子どもの行動に関心をもって生きていきましょう。

先輩、相談です。

思いとスキルを育てる

3歳 男子 ASD 在宅

29 父親を避けるので、子育てにかかわってもらうことができません

夫は、日頃はあまり子どもにかまわないのに、しつけには厳しく、悪いことをするとひどく叱ります。おそらくそのせいと思いますが、だんだん怖がって、父親を避けるようになってしまいました。このままでは、父親に子育てにかかわってもらうことができません。下の子もまだ小さいし、父親の支援は絶対必要なのです……。

父親は企業戦士、子育てにはノータッチ

わが家でも似たようなことがありましたので、それをお話ししますね。

夫は典型的な九州男児でした。「父親は社会で稼いでくる。家事や育児や教育は母親」「男子、厨房《ちゅうぼう》に入らず」。すなわち、食事作りと同様、子どもと遊ぶなんて自分の役目ではないと思っていたようです。二人目の出産も超多動の長男を伴い実家の福岡でしましたが、夫は仕事が忙しくて、福岡までの母子の移動の送迎も、出産後の入院先での面会もしませんでした。

「夜泣きがなくなってから帰るように」と言われ、首も座った2か月過ぎになっ

て、二人の子を連れて川崎に戻りました。当時ばりばりの企業戦士だったので、私も仕事の大変さは知っていましたから、足を引っ張らないようにと、夫に家事や子育ての支援を強要したことはありませんでした。

障害がわかって協力は不可欠に

しかし、長男が障害児とわかった以上、私一人で、二人の子を育てることはできません。父親の協力は不可欠になりました。息子がＡＳＤ（自閉スペクトラム症）と診断されたとき、人に関心をもたない（人と人も思わない）障害だといわれましたが、私は息子から「ママ」と呼ばれたいと強く思い、「人を好きになる子にしたい」と願いました。そのためには、息子が執着しているものより、人が、快いとしなければなりません。

障害と認めなかった夫ですが、息子の個性（特性）として診断結果を話し、とにかく「スキンシップのために遊んで」とお願いしました。

「言葉の特訓」をして怖がらせてしまう

しかし、日頃遊ぶことがなかった息子と父親の関係をつくるのには苦労しました。夫は、「徹之《てつゆき》は一つのことに没頭して天才肌。男の子は言葉が遅い。アインシュタインも、エジソンも4歳までは話せなかった」と、私が日々の困った行動を話し

ても「天才は変人が多い」と、障害を認めず悠長にかまえていたのです（2参照）。ただ、言葉を話さないのは困ると思ったのか、私の子どもへの態度が甘い、「だからなめられてしまう。男の子は3歳になったら父親にバトンタッチしたほうがいいだろう」と言って、子育て（教育）に参画してきました。珍しく会社から早く帰ってくるようになって、弟をお風呂にも入れてくれるようになり、私は助かりました。息子には「さぁ勉強しよう」と言って、「言葉の特訓」を行いました。

持ち前の研究熱心で、夫なりの工夫をして臨んだようです。言葉のカードを作って発語を促し、息子にオウム返しをさせるというやり方を、上から目線で威圧的に強要したので、徐々に近寄るどころか避けるようになり、顔を見ただけで叫ぶようになりました（夫の名誉のためにいいますが、このときにマッチングでものの名前を教えたことは、その後の勉強、特に試験勉強の機械的記憶に功を奏しました。どの経験も無駄ではありませんね）。

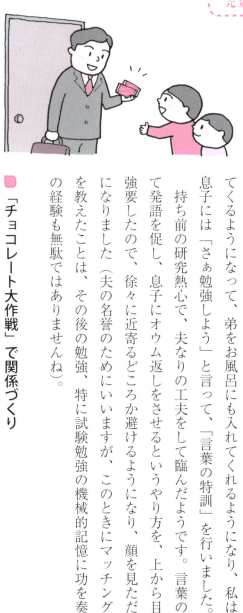

「チョコレート大作戦」で関係づくり

さて、どのようにして父親との関係をつくったか、です。プログラム作りを楽しみ始めた（自分のモチベーションを上げるためにプログラム作成に励みました）私は、「チョコレート大作戦」なるものを計画しました。

息子が避けないで父親の帰宅を迎えるためにはどうしたらいいか……、父親の帰宅を楽しみにするには、と発想したのです。朝、夫のかばんに子どもたちの大好きなチョコレートを入れておいて、帰ってきたときに子どもたちに「お土産」と渡す作戦です。おやつに甘いものはやめて「お父さんがチョコ買ってくるよ、お父さんが帰るのを待とうね」と子どもたちに伝えました。

息子の目的は「お父さん」でなくかばんに入ったチョコですが、足音がするだけで玄関のドアの前で待つようになりました。夫はうれしくなって笑顔で帰宅するようになり、自分でお土産を買ってくるようになり、子どもたちを喜ばせようと考えてくれるようになりました。息子も「お父さん」の存在を認めました。

一緒に遊んで裸のつきあいもできた

そうなればしめたもの、一緒に遊ぶことが可能になりました。当時ベストセラーになった、ASDの親としてはつらかった本『テレビに子守をさせないで』（岩佐京子、水曜社、１９７６年）を読んで影響された私は、テレビを隠していたので、夜も遊ぶ時間がたくさんありました。夫と私は、いろんな遊びを工夫して、たとえば毛布の四隅を大人が持って、子ども二人を真ん中に載せて、ぶらんこ遊びです。

子どもたちは夫が帰ってくると「ぶらんこ、ぶらんこ」と言ってせがみます。息子の要求語はすべてかなえていきました。「あなたの意思を尊重します」と応えることこそ、今私たちがしようとする、信頼を勝ち得るのに、いちばん大事なことだ

と思いました。息子は夫と手をつなぐこともできるようになり、両手を握って「クルットン」と1回転したり、肩車もせがんだりするようになりました。
お風呂も、今までは弟だけでしたが、徹之もお父さんと一緒に入れるようになりました。夫は裸のつきあいもできて「今まで徹之には違和感を感じていたが、はじめて好きになれた」と正直に告白しました。
遊んでくれる父親に子どもたちはすっかりなついたので、夫は積極的にかかわってくれるようになり、休みのたびに公園に出かけては家族四人で遊びました。息子には行動範囲が広がるにつれ次々に問題行動が発現しましたが、夫と協力して知恵を出し合い、プログラムを工夫して、一つひとつ乗り切っていきました。

父親が人生のモデルに

夫は会社人間。バイオの研究者で、相変わらず家庭より仕事を優先する人でしたから、日常の支援は望めず、ただ息子の入学、転校、就労など、ライフステージの節目と、父親の参加や同行を先方から要請されたときには登場してくれました。私も、日常のサポートは精神的な支えであってくれればいいと考えました。親としては、子どもの状況と障害や福祉などの関連情報は正確に共有して、共通の価値観で一貫性をもってかかわり、人生の支援者（伴走者）でありたいと思っていました。

研究が忙しくなったり、転勤になったり、海外出張が多くなったりと、夫が家庭にいないで子どもたちとまったくかかわらない時期もありました。子どもたちには、父親が帰ってこなくても、「お父さんはお仕事」と伝えて、父親との楽しい遊びの写真などを見せながら、存在を身近に感じられるようにしていました。

息子の意識の中には父親像は入っていたのでしょう。中学校時代には「高校に行って、大学に行って、結婚して、お父さんになる」と言っていました。父親の人生をモデルにして、大人になったら「お仕事する」との意思も形成されていったと思います。意思形成の過程も大切ですね。父親と同じように、「25歳で結婚して、2人の子のお父さんになる」が夢でした。実際は、息子は大学には行っていませんし、結婚して父親になることも未定ですが（夢をすべてかなえさせるのは難しいですね）……。

弟は大学院まで行っており、今、2人の子の父親になっています。徹之は「Mは大学合格しました。徹之は公務員試験合格しました」と言って、自分でバランスをとっていたようです。彼は、弟の子どもたち（甥《おい》と姪《めい》）をとてもかわいがっています。「まいこちゃんと守くん（本人が決めた自分の子どもの名前）」の代わりでしょうか。

先輩、相談です。

思いとスキルを育てる

３歳 男子

ASD

保育園に在籍

30 下の子を物のように扱うのではないかと心配です

ＡＳＤ（自閉スペクトラム症）の息子は、人と物との区別がつかないかのように、人に無関心です。まもなく第二子を出産するのですが、生まれた赤ちゃんを物のように扱うのではないかと心配になります。障害のある兄が赤ちゃんを踏みつけて殺してしまったという事件も聞いたことがありますし、どうしたらいいでしょう。

私も不安で自信がなかった

二人目の子どもが生まれてくることは、楽しみでもあり、障害児の兄がどのように反応するか心配で、また障害児の子育て（療育）と同時に赤ちゃんを育てる大変さを思うと、不安がいっぱいになるでしょうね。

私も、長男の「人に無関心。人と物の区別もついていないのではないか」と思える、人を物のように見ている日常に、不安いっぱいでした。私にさえ、たぶん便利だから近くにはいますが、いてもいないようにふるまっています。話しかけても知らんぷりですから。この、しかも超多動な息子の育児をしながら、生まれたばかり

の赤ちゃんをどう育てていけばいいのか。……自信がなかったですね。

赤ちゃんを傷つけないよう、大事にするよう教えたい

とにかく、事件のように赤ちゃんを傷つけたりしないようにしなければなりません。まず、高さのあるベビーベッドを購入して、小さい子が自由に触れないようにしました。それから、人形や動物のぬいぐるみを買い与えて、かわいがることを教えました。たたいたり投げたり乱暴には扱わないで、「いい子、いい子」と声をかけさせます。ぬいぐるみで十分練習したあと、長男と誕生したばかりの弟と、病院で初対面を果たしました。弟の手を握らせ「小さいね。かわいいね」と頬ずりをさせました。退院のときも、一緒に迎えに来させ、車に乗るとき、先に私が赤ちゃんを抱いて乗り、そのあと徹之《てつゆき》を乗せるという順番にしました。

家に帰ってから、昼寝している長男の横に赤ちゃんを並べて、写真を撮りました。息子はまだ言葉での大小の概念ができていなかったのですが、写真に撮れば視覚的に大小がわかると考えました。平面（2次元）の写真は大きさがはっきりわかります。写真を見せながら「赤ちゃんは小さい。徹之は大きい。大きい子は小さい子を守る」と言葉を添えました。「守る」の意味はわからないので、実体験で、お菓子もおもちゃも弟のほうに先に渡すという、すべてのことを弟を先に（優先的に）したのです。先輩のお母さん方は障害児を優先していましたが、私は逆にしたのです。

兄としてのプライドも育てたい

徹之はお兄ちゃんですから当然ですよね。障害があっても、兄というプライド（尊厳）をもたせたいとも考えました。障害があろうとなかろうと人間は皆対等であり、個人の尊厳があるといわれていますが、尊厳を認めた対応をしているでしょうか。今でこそ「ちゃんづけはやめよう」との声が上がっていますが、年齢相応な呼称を、認知症の高齢者や障害者に対して用いていたでしょうか。

弟が生まれたとき、このように兄としてのプライドを育てよう、その後も年齢相応の支援をしようと意識しました。ゆえに、彼は20歳になったとき（今からもう25年前の話です）、「明石《あかし》徹之は今日から大人です。てっちゃんと呼ばないでください」と大人宣言をしたのです。「ちゃんづけ廃止」をいわれるずっと前です。プライドをもっている証拠ですね。ただ私は、息子の近況報告を兼ねた啓発紙『てっちゃん便り』を20歳から『明石通信』に変更せざるを得ませんでしたが……。

「弟優先」が定着して兄弟は仲よし

さて、この「弟優先」は、物欲があまりなかった息子にはそう負担がなかったようで、あっさりと実行してくれました。これらの習慣が長く続き、身についてしまったせいか、言葉をコミュニケーションとして使えるようになってからも、「Mちゃん、先」と言って、お菓子もおもちゃも弟に先にあげていました。

自分が欲しいときは必ず2個もらい、1個は弟にあげるものだから、人は「やさしいお兄ちゃんね」とほめてくれました。単に順番を教えただけですが、ほめられるのはうれしいようで、弟に何でもあげていました。また、弟のほうは何でもくれるお兄ちゃんが大好きになり、徹之は、いつも笑顔で自分のそばにべったりくっついて何でもまねをする弟が、とても好きになっていきました。

人が好きな人間に育った息子

ＡＳＤの特性として、人に無関心、人を好きにならないと当初いわれて、障害児と診断された頃の息子はまさにそのとおりでしたが、ＡＳＤ児は人嫌いではありません。彼は人が好きで、まして弟は大好きで、今は弟の子どもも大好きです。ＡＳＤである前に明石徹之という名前の個人という視点を、これからも大切にしたいと思います。きょうだいはいいものですから、赤ちゃん産んでも大丈夫ですよ。障害のことでつらいことがあっても、きょうだい児の存在は癒しとなり、また育児の自信を取り戻させてくれますから、きょうだい児も大切に愛情深く育ててください。

後年、息子が作業所に勤めてはじめて工賃をもらったときも、公務員になってお給料をもらったときも、弟にその一部を渡しました。毎月お小遣いをあげる習慣は、弟の大学院卒業まで13年間続きました。弟を先生として模倣し、自立のスキルを身につけ社会参加できたのだから、そのお礼かな。兄弟っていいなぁと思います。

先輩、相談です。

思いとスキルを育てる

6歳 男子

ASD

幼稚園に在籍

31 つい、障害のあるこの子を優先してしまいます

2歳離れた妹がいます。同じ幼稚園に通っていて、妹のほうは障害はありません。手がかからないので、つい、兄のほうを優先してかまう習慣になっていますが、知り合いに「それではかわいそう、障害のある子のきょうだいは屈折した育ち方をしがち」と諭されました……。

障害児のきょうだいという理由で我慢させたくない

私が子育てで特に気をつけたことは、先輩の親たちが、きょうだい児に我慢を強いたり、楽しみをあきらめさせたり、寂しい思いをさせているのを見聞きしながら思ったことですが、私は「障害児の弟だから仕方ない」という理由で我慢させるのはしたくないなということです。

親がきょうだい児をたっぷり愛し、十分に満足させなければ、本当の思いやりは育たないと思います。自分が受け入れてもらえなくて、本当に幸せでなくて、他人への（障害児の兄にでも）思いやりが芽生えるでしょうか。ですから私は、弟を長

男以上に愛して「思いやりの心を育てたい」と思いました。

自己主張を尊重し、自尊心を育てれば、自分の感情や行動を自分でコントロールする力、我慢する力もできてきます。我慢は、力で従わせるのでなく（それでは不本意感がいつまでも残る）、本人が納得したものでないと本物になりません。

「思いを育て、思いに寄り添う」はきょうだいにも

長男徹之《てつゆき》への子育て目標である「思いを育て、思いに寄り添う」は、当然弟にも適応します。弟の心（長男よりわかりやすかった）に寄り添いたいと思いました。

たとえば、徹之が弟よりあとで保育園に入園したのですが、当初、朝、保育園に二人を送って保育士さんに預けるとき、環境の変化に戸惑う徹之は泣き出すことが多くありました。そんなとき、弟も泣き出すのです。私は両方をなだめるのに四苦八苦。後年、再会した保育園の先生が、「お母さん強くなったねぇ。保育園の玄関で、左右に泣き出した二人の子の手を握って、べそをかいていたあなたの姿が、今は嘘《うそ》のように思える」と言われました。本当に、二人の子に同時に泣かれて困り果てていた私がそこにいました。

しかし、二人の子どもへの対応には配慮していました。二人に泣かれたとき、私はいつも弟のほうに先にかかわりました。弟の泣いている理由はわかります。それまで、保育園の友達が大好きな弟は、朝送っていったらすぐ園庭に飛んでいって遊

んでいましたから、私との別れが悲しいわけではありません。なぜ泣くかというと、「ママを、泣いているお兄ちゃんにとられるのは、いや」なのです。わかりやすい性格で、泣くときの理由がよくわかったから、原因を解決することは短時間でできます。延々泣き続ける徹之が泣きやむまで弟を我慢させるなら、長時間待たせることになるでしょう。

先にかかわってくれた母親の愛情を確認したら、弟はすぐに園庭に遊びに行きました。私はそれからおもむろに徹之にかかわればいいのです。

思いやりの芽が育って…

弟は、「ジブンデ」と言って何でもしたがったり、何でも「イヤ」と言うわがまいっぱいの反抗期（3歳時）もあり、大事なものを徹之に壊されては「てっちゃん、嫌い！」と兄弟げんかもしました。そんなときも、普通の兄弟のように私は公平に接しました。障害児だからと肩入れするのでなく、健常児だからと我慢させることもせず、年齢の幼い弟の気持ちに寄り添いました。また、反抗期は通過したほうがよく（ない子のほうが心配です）、自己主張を受け止めてあげてください。

弟は反抗期を過ぎた頃から、状況がわかるようになり、「お母さんは、お兄ちゃんが大変なのに、僕のほうを優先してくれる」とわかったようで、苦労している私のお手伝いをするようになりました。思いやりの芽が育ってきたと思いました。

今も優しい弟で、弟の子どもたち（私の孫たち）も徹之にとてもなついてくれています。きょうだい児は不幸ではありませんよ。

弟が誕生した40年前、将来結婚できるか心配したのが嘘《うそ》のようです（10参照）。青年になったとき、「昔、恋人ができるか心配してた」と話したら、「お袋、そんな心配なんかしなくてよかったのに。障害のある兄がいるから結婚しないと言う女性なら、たとえ兄貴がいなくても、結婚の相手にしないよ」と言いました。兄弟姉妹こそ、人を差別しない人間になってほしいと願って、啓発活動をしていますが、徹之の弟は差別しない人に育ったようです。

自分に対する信頼感がもてる人に育てよう

兄弟姉妹は、自分で望んで障害児の兄弟姉妹になったわけではありませんね。きっと親にはわからないつらい思いをすることもある（あった）でしょう。親は代わってやれません。しかも親より長い人生をつきあうことになるのです。

つらいことが降りかかっても自分の手で払いのけられるよう、自分を大切に、自分に対する信頼感をもてる人に育てると、幸せはついてくると思います。愛情いっぱいに育てられたという満足感が、本人に自信と勇気を養うだろうと思っています。兄弟姉妹を大切にしましょう。最高の支援者と感謝して……。

先輩、相談です。

思いとスキルを育てる

４歳 女子

未診断

保育園に在籍

32 お金の価値がわからず、破いたり捨てたりしてしまいます

お金がどういうものか、まだはっきりとはわかっていないと思います。店先で、お菓子とお金という紙を一緒に渡すと、「ありがとうございます」と言われ、お菓子が自分のものになる、ぐらいの感覚なのでしょう。だからか、知らないうちに、千円札や5千円札を破ったり捨てたりしてしまいます。

お金の意味と価値を教えるには

紙幣そのものだけを見ても、お金の意味や価値を知らない限り、単なる紙ですから、捨てたり破ったりするのはあたりまえかもしれませんね。お金の意味がわかるためには、買い物を何度もして使い方を学習するしかありません。

息子は、超多動になった3歳頃から、私の目を盗んでは自宅から逃げ出し、近所のお宅だけでなく、お店にも入り込んで、お店のものを手当たり次第取ったり、かじったり、食べたり、飲んだり、持ってきたりしていました。地域とのかかわりの中で、最初に困ったことです。「お店のものは取ってきてはだめで、お金と交換す

るもの」と教えなければと思いました。

実地に買い物学習

息子と買い物学習をすることにしました。お店のすいている時間に連れていき、その日のおやつ用に、好きなお菓子を買うことから始めました。先にお店のトイレ探検をさせて満足させ、走り回らないように、お菓子を一つ持たせます（ときには先に食べたりして失敗しましたが。でも意外とおとなしくなるもの）。

私と息子が必要と思うものをかごに入れたら、レジに並びます。本人が選んだ欲しいお菓子を一つ選ばせ、お金をそのとき渡します（最初は1枚のお札にしました）。順番が来たら、お菓子とお札をレジの人に渡させます。お菓子はシールを貼ってもらうか、小さな袋に入れてもらいます。

お金の概念はまったくなくても、好きなものを手に入れるには、お母さんが渡してくれた紙が必要と認識してくれたら成功です。その紙の名前が「お金」というわけです。「買い物に行くにはお金が必要」と理解するまでには何度も繰り返しの学習が必要でしたが、買い物は楽しい経験なのでいやがらずに学習できました。以前は、お店のものを取ってきて叱られたのに、同じ行動をしても、「ありがとうございます」とお店の人から笑顔でお礼を言われるのですから、心地いい体験です。

レジに並ぶことを教える

最初はレジに並ぶということができず、すぐに欲しくて、騒いだりしましたが、私は「お金を渡してから、食べようね」と（これは「社会のルールの学習」なので毅然《きぜん》として）、少々強引に並ばせ（ときには抱きかかえながら）、順番を教えました。順番は子どもたちと遊ぶとき（滑り台に並ぶなど）、子どものルールとしても大事なので、教えたいと思いました。

レジは並んでいても次々と進み、必ず自分の番が来るということがわかります。レジで精算したらお菓子がもらえます。そのご褒美をちらつかせながら、我慢させました。視覚的に見通しがもてる行動でもあり、徐々に我慢ができきました。

順番というものを覚えたのち、レジに並ぶときは、並んでいる人の少ないレジ、かごに入っている量が少ない人の列など、自分で考えて並ぶようになりました。

一人で買い物させるときは

一人で買い物をさせるときは、こういう方法にしました。

まずお店に、息子が出かける前に電話して、買う品物の名前や、渡したお金の金額を伝えておきます。息子には品物の名と金額を書いたカードを持たせます。もしお店で違うものを手に取ったら、「てっちゃん、カード見て」と声をかけてもらいます。息子は自分で選んだものだから、納得してその品物を買ってきます。お店で関心をもった品物（テレビのコマーシャルで見たお菓子や飲料水の確認をしていたようです）を、次の買い物に希望したりしていました。

地域社会の中で学ぶことで自立へと

社会のルールも判断力も、このように、本来生きていく地域社会の中で学ぶことが大切ですね。どこか特別な場所で学んでも、地域のお店で使えないなら意味がありません。親が付き添って教えるのは大変かもしれませんが、その後「てっちゃん、〇〇買ってきて」と言ったら飛んで買い物に行ってくれたのだから（お手伝いのプログラムの一つ）、最初から地域の中で、本物のお店で学習するほうが、自立への近道ですね。

息子は、お菓子屋さん、薬局、おもちゃ屋さん、文房具店、洋品店等々、多くのお店で、協力してもらいながら「買い物経験」を豊富にしたおかげで（練習に5年以上かけました）、ものとお金の交換を覚え、お金を大切にしました。

お金の計算も見事に習得！

こうして地域の中で、彼は情報を収集して（親からの一方的な情報だけでなく）、自ら判断する（選択する）力を養ってきたように思います。特に買い物は自分で行って、自分の欲しいものが手に入るのですから、こんなに満足することはありませ

ん。「おかいもの」と言っては買い物学習を熱心に行い、お金と品物をきちんと計算して、おつりの計算も見事にできるようになりました。

お菓子は格好の教材になりました。最初は1個だけで練習しましたが、完全に買い物という行為ができるとわかってからは、徐々に数種類のお菓子にして、算数の勉強を実物でさせてみようと考えました。

「算数の勉強します」と買い物に

数字には強いのですが、機械的暗記であって概念形成は難しく、九九は暗証しても（クラスメートがお経のように毎日数字を言うのがおもしろくて、視覚的には優位な息子は九九の表は丸暗記できました）、意味がわかっていませんでした。私はいい機会だから、ちょっと欲ばって勉強もと考えました。それぞれのお菓子の単価と数量の計算（掛け算）そして合計額を計算（足し算）、持たせるお金から引き算しておつりまで計算しておきます（机上の学習）。その計算したカードを持って買い物です。お店には前もってお願いしておいたので、息子に計算メモを出させて、お店の人が一緒に実物を使いながらお金の計算の勉強を手伝ってくれました。息子は「算数の勉強します」と言って、買い物に行きたがりました。

おかげで、彼は算数大好き人間になり、その後中学校に進んで算数が数学になっても、この教科は得意でした（言葉が不得手なので文章題は無理でしたが）。

コラム

最初は怒鳴り込んできた店主が支援者に

一時期「スマイルソフト目薬」になぜかこだわり、薬局から取ってきました。お詫《わ》びに行き、息子の関心事（目薬のコマーシャルを見て実物を欲しがっている現在の状態）とこだわりの特性を説明しました。相手が納得して協力してくれるためには、子どもの特性と、できたらつきあい方も伝えるのがいいですね。なぜこだわるか、ＡＳＤの特性を不思議に思われたようですが、買い物学習につきあってくれました。

その目薬を息子は自分が満足するまで、毎日買いに行き、100個以上購入しました（実はパッケージに興味があっただけのよう）。最初は怒鳴り込んでこられ、私は「すみません」と平謝りでしたが、その薬局の店主とは、お互い「ありがとうございます」の関係になりました。親切な薬局の支援を受け、その後も、トイレ掃除や風呂掃除の洗剤、食器洗いの洗剤など、すべて息子はこの薬局に買いに行き、大のお得意さんになりました。おかげで掃除の名人にもなれたわけです。

先輩、相談です。

思いとスキルを育てる

小4 女子

ASD + ADHD

特別支援学級に在籍

33 一人で外出させることができる?

自転車の補助輪をはずして、自由に乗り回すようになりました。これまで外出は必ず誰かと一緒でしたが、「一人で!」と主張しますし、そろそろ一人で外出させることも考えたいと思います。でも、何か起こったとき、知らない人に助けを求めたりはできないだろうし、トラブルも心配です。

将来の通勤のためにも必要なスキル

「一人で!」という思いは大切にしたいですね。将来働くことになったときも、「一人で通勤ができる」は、採用の重要な決め手になります。一人で外出できることは、社会での自立に不可欠のスキルといえます。幼児期から日常生活の中で身につけたいものと考えます。

息子徹之《てつゆき》の一人外出のスキルは、徒歩→自転車→バス・電車等の公共交通機関、の順で学んでいきました。新幹線と飛行機は、練習する機会が少なくて、44歳の今でも一人ではまだまだ難しいですね。

超多動な息子の場合…

幼児期からの話をしましょう。超多動児であった彼は、私が目を離したすきに、厳重に鍵をかけていたにもかかわらず、逃げ出して行く先不明になることが多々ありました。危険がわからないので迷子という自覚がなく、泣くこともしないので、見つかるのは夜遅くなってから。「子どもがこの時間に一人いるのはおかしい」とまわりが気づいて、やっと保護される始末でした。見つかるまで数時間かかることもあり、私は交通事故に遭っていないかと心配で、必死に探し回ったものでした。

消火栓など興味があるものを見つければ、道路に飛び出し、もちろん「赤信号で止まる」ことなどできません。事故予防のためには交通ルールを教えることは不可欠です。その後、母子共生のように私べったりになる時期が来て、必ず私と手とつなぐようになりました。私は買い物や遊びに行くたびに、交通ルールを教えようとしました。「赤信号で止まる」「横断歩道を渡る」「道路は右を歩く」など、毎日繰り返し練習しました。徒歩から補助輪つきの自転車になっても、私が伴走して、自転車での道路の渡り方など一つひとつ教えていきました。

交通ルール会得後に一人外出決行

そしてやっと交通ルールがわかったと思える小学校4年生のとき、夏休みを利用して自転車での一人外出を実行したのです。それまでに町内の地図を書いて壁に貼

って、毎日遊ぶ場所や買い物に行く場所（特にこだわっていた消火栓がある場所）など記入していましたので、地図上で、彼が希望するルートの確認をして、おおよその通過時刻を記入しました。私は小学校の用務員さんやルート上のクラスメートやお店に、「一人外出プログラム」の趣旨と、通過時に様子をみてほしいこと、また何かあったら連絡をしてほしいことなどをお願いしました。

息子には小学校の名札をつけさせ、洋服には名前を明記し、ポケットに名刺大の「連絡カード」を入れたうえで、勇気をもって決行しました。連絡カードには「本人は自由になりたいと願い、親は社会性を身につけさせたいと願い、ただいま外出させております。何かご迷惑をおかけしておりましたら、下記までご連絡ください、すぐ伺います」と書きました。もう、私は電話の前でハラハラドキドキです。連絡が入るとすぐ飛んで行って、お詫《わ》びをし、連れ帰りました。ときには、彼は叱られると連絡カードを置いてすっ飛んで帰ってきました。ある日は7軒から連絡が来てお詫びに行ったこともあります。ほとんど苦情はトイレ探検でした。

約束を守れなければ外出禁止に

すでに交通ルールと時計の読み方は学習していましたが、時計は、行動の邪魔と思ったのか、捨ててきて困りました。それで、○○商店や博物館など備えつけの時計での確認に切り替えました。夏休みの間、外出するたびに、地図と通過ルートの知人からの情報を突き合わせて、行動を確認し、夏休みの日記に書かせました。

交通ルール、帰宅時刻、よその家に入らないなどの約束事を決めましたが、親が見ていないせいか最初は守りません。皆からの情報で違反がわかり、「約束を守らなかったら外出禁止」にしましたので、「お母さんどうして知っているのかなぁ」と思ったようですが、本人が納得して決めた約束事は確実に守ることができました。同じ町内に警察官舎があって(トイレ探検にも行っていたので、説明ずみ)、お巡りさんたちが息子の自転車の乗り方や交通ルールの確認をしてくれました。お巡りさんが見ているということは、「約束を守る」ことに効果は絶大でしたね。

次は「自由な一人旅」の練習

その後、中学生になってからは、サイクリングだけでなく、公共交通機関を使っての「自由な一人旅」の練習です。1年生の夏休みから、私と一緒に、関東圏内の交通機関マップを使って、息子の行きたいところに行く方法を調べて、順番に、すべての路線を回りました。各路線の駅名の確認、切符の買い方等々、1年かかりましたね。一人で出したのは中学校2年生のとき。2年生の夏休みには、関東圏のすべての路線(地下鉄は除く)を自由に利用することができました。

ASD(自閉スペクトラム症)によくみられる「電車が好き」は、「好きこそものの上手なれ」で、交通機関の利用は思いのほかうまくいきました。

先輩、相談です。

思いとスキルを育てる

小2 男子

ASD

特別支援学級に在籍

34 どうしたらお金が得られるか、働くということを教えるには？

以前は勝手にお店のものを取ってきて大変でしたが、欲しいものを手に入れるにはお金がいるとわかって、物を取ることはなくなりました。ところが、今度はお金を欲しがるようになり、身近なところからお金を取るようになってしまいました。働くことでお金がもらえるということを、低学年でも教えられるでしょうか。

お金を欲しがった息子の場合

近所のお店のものを取ったので、困った私は「ものとお金の交換」を地域のお店に協力してもらいながら教えていきました（32参照）。やっと「お金は欲しいものと交換できる」ことがわかり、お金の価値を実感して、大切にするようになりました。もうお金を捨てたり破いたりしません。ところが……。そうです、わが家も同じでした。今度は、お金を欲しがり、私のバッグ、弟やクラスメートの財布など、身近なところからお金を取るようになったのです。またまた困った私は、「社会のルール」を教えなくてはなりません。さて、どんなプログラムを作りましょう。

息子は、お金を欲しいものと交換することを覚えたばかりで、そのお金はどうすれば手に入るのか、まだ学習していません。「お父さんが働いてお金を持ってくる」ことや（父親を尊敬するいい機会になりましたが）、何でも好き勝手に物は買えないことなど、何度も言葉で言っても、実感がないのでしょう、わかりません。

お金を取るのは泥棒、泥棒は刑務所に入ると教えた

私は、お金を取るたびに謝りに行き、「今から、お金は人から取るものでなく、自分で働いて得るものということを教えたいと思います。それが本人にわかるまで、しばらくの間、お金の管理をよろしくお願いします」と、地域の人たち、学校の先生にお願いすることにしました。小学校4年生頃のことです。

息子には「お金を取るのは泥棒。泥棒は刑務所。刑務所に入るとママに会えない。テレビも見れない。トイレ探検もできない」と、罰は刑務所にして、実際に刑務所を見せに行きました。佐賀の麓《ふもと》刑務所は街から離れた寂しい場所、息子がトイレ探検でも入ろうとは思わない建物です。お金を取るたびに「刑務所に入る？　入らない？」と、二者択一で聞くと、もちろん「入りません」と答えます。では、「お金を取る？　取らない？」と聞くと、当然「取りません」を選択します。

そして「お金は徹之《てつゆき》の財布の中から」と徹底的に教えましたが、それでも空っぽの財布を持ってきて、「100円」と言ってはお金を欲しがります。限度をどのように

教えるか、私は困りました。

お金は働いた報酬だと教えるために

ちょっと早いかなと思いましたが、「お金は、お父さんのように働いて、その報酬としてもらえるもの」ということを教えるしかないと思いました。

その頃私は、将来の自立のために必要な家事はできるようにさせておきたいと、こだわりを利用して、トイレ掃除や風呂掃除、床のふき掃除、ガラスみがき、後片づけ……など、水を使っての作業は教えていました。ほとんど遊びの一環ですが、少しはできるようになっており、それにお金をつけようと思い立ちました。

たとえば、風呂掃除の手順は、次の5項目（③と④はさらに小分けの項目あり）で教えていました。

①風呂の栓を抜く
②風呂の洗剤を、3回スポンジにつける
③バスタブの内側をみがく（マジックでA～Pブロック16区分に区分けしてある）
④バスタブの外側をみがく（1～6ブロック6区分に区分けしてある）
⑤シャワーの水で洗い流す（泡という目に見えるものがあるのでわかりやすい）

「お母さんのお手伝いをしてね」と言って、一緒にやっていました。息子は適当で、泡を流すときは「ジブンデ」と言っては、シャワーから水をジャージャー流しました。特に③と④は、好きなアルファベットや数字のみ消して（または残して）という、気まぐれな作業でした。もちろん、きれいにするのは私の仕事で、彼は遊びでかまいません。でも、お金をつけるとなれば、完璧にできなければなりません。

適当にやっていたときも「きれいにできたね。ありがとう」なんて私は言っていましたが、「きれいに」が抽象的で息子にはわかってないことがわかっていました。それで、「きれいに」はこの5項目すべてに○がつくことと教えようと思いました。○が全部つくための見本を示して、順番にしっかり教えました。

お手伝いの内容ごとに金額を決めて払う

風呂掃除は100円です。チロルチョコ（当時10円）10個買えます。トイレ掃除、またそれまで水に関して以外はさせていなかった、カーテンの開閉や新聞を取りに行くことなど、彼の日常で無理がない範囲で、お手伝いを増やしお金をつけました。マッチングは得意なので、トイレ掃除50円、風呂掃除100円と表に書いて、今日行うお手伝いを確認させました（まったくしない日も、もちろんあります）。そのうち交渉上手になって、トイレ掃除は100円にアップさせられましたが……。

ある日福岡のおばあちゃんが来て、「てっちゃん、えらいね」と感心して、ご褒美に3000円渡したら、2000円は私にくれて、1000円だけ自分の財布に入れました。そして「風呂掃除します」と、さっと浴室に行ったのです。「3000

円分は働けない」と思ったのでしょう。

ちょっとかわいそうになりましたが、「働かないとお金を得ることはできない」ということは学んだようで、人のお金をまったく取らなくなりました。

お金を使う楽しみ、余暇の楽しみも教えたい

その後、労働に対する報酬以外に、お年玉や誕生祝い、ご褒美など、お金をもらう体験を通して、金銭感覚を学んでいきました。

お金は、貯めること以上に使い方が大事です。中学校時代には、お金を買い物以外に使うことも教えていきました。外出時の交通費や趣味の写真、友達や親戚の子へのプレゼントなど、といった使い方です。

お金を自分の趣味や楽しみに使えて、はじめて、労働意欲も増しますね。「働こう」というモチベーションは、どれくらい社会参加しているか、人間関係が豊かであるかにも、左右されるようです。働くことだけ教えられて、余暇を楽しむことを全然教えてもらえないのでは、働く充実感はありませんね。働くことで、自己実現と社会参加を実現し、趣味をもって余暇を楽しみ、友人を（恋人も）つくって、人間関係を豊かにして、人生を充実させてほしいものです。

小さい頃から意識して身につけさせたい

18歳になって、「さぁ、次は働くのだよ」と言われても、本人は戸惑うばかりです。「大人になったら働く」とか、「社会に出る」ということを、家庭や学校の中で、常日頃より意識して、本人の気持ちが「働きたい」と思う方向に導いていくことが必要だと思います。就労のために必要なスキルも、小さい頃からの家庭でのお手伝いから習得できるでしょう。

息子の場合、困った行動「物を取る」からお金との交換を、「お金を取る」から「お金は汗水流して働いて得るもの」ということを、私は教える必要に迫られて、試行錯誤の中「社会的に自立させたい」と願って、学習させていきましたが、今思うと、それらがあったので就労できたように思います。彼は今、働くことで収入を得て、その収入を自分の生活と趣味や楽しみに使っています。公務員になって、もう25年。障害をもってこのように就労が継続しているのは珍しいといわれています。金銭感覚を教えることで労働意欲を引き出せたのかと思います。

加えて大事なこと。小さい頃から興味や好奇心のサイン（こだわりでも可）を見逃さず、いろんな経験をさせて、得意な趣味などを得ておくことが必要です。就労後、就業時間はプログラムなどあれば作業は一人でもできますが、昼休みなど休憩時間にすることがないのがネックになって、問題行動が出て退職を余儀なくされた例を見てきました。息子は、絵を描くという趣味があったおかげで、勤務の間の自由時間も充実して過ごしています。

おわりに　――自分で自分のことを決める、それが自立の原動力――

「この子らを世の光に」の言葉と生涯を通じて障害者福祉の向上に取り組まれた故糸賀一雄先生にちなんだ「糸賀一雄記念賞」（第19回）を、このたび、明石洋子《あかしようこ》と徹之《てつゆき》が受賞することになり、この40年以上「障害があっても地域で生きる」をモットーに地域に飛び出した親子を支援してくださった皆様への賞と考え、心より感謝しています。酷暑と暴風雨の今年の夏も一言も不平不満を言わず、「お仕事がんばります」と元気に働き続けている徹之が「世の光に」なっているご褒美になりますね。25年就労継続はすごいと思います。その原動力は、「自己決定＝自分で自分のことを決める」にほかなりません。

今、特別支援学校等から一般就労する人がずいぶん増えました。障害者雇用の制度が進んだのと、「就労移行支援」事業所等のサービスが充実してきたことによるのでしょう。しかし、就労の継続は難しいようです。就労の機会が増えたことは喜ばしいのですが、金銭感覚や就労意欲を育てることを忘れて、「学校を卒業します。さぁ働きましょう」と押し出されている現状のようです。ＡＳＤ（自閉スペクトラム症）と知的障害がある若者の「働けない・働かない」相談が毎月来ます。たとえば、「本人に就労意欲がない」との理由で解雇され、「働く楽しさを身につけるように」と福祉作業所を勧められても、作業所には行きたがらないとの相談。親御さんから「力ずくでも行かない。毎日ぶらぶらして問題ばかり起こす。お金がないのに衝動が抑えられず、万引きしたり代引きで買い物したり、消費者金融でお金を借りたり、人に無心してトラブルになったり……。どうしたらいいか」との相談です。家族に暴力をふるい、親は疲弊し、グループホームに入れても、ホームの世話人からは「朝起きないなど基本的な生活習慣がついていない。日中活動に行かないならホームを退去」と言われているとのこと。せっかく就労の機会が増えても残念な話ですね。この本のテーマである「思いを育てる、自立を助ける」子育てが、成人後の人生を左右すると痛感する昨今の事情です。

子育てに悩む親御さんの相談に答える形で本書に紹介した子育ての考え方・方法は、すべて長男徹之の子育てで学んだことです。相談を寄せてくださった皆様と同じく、私も息子に障害があると診断されたとき、ショックを受け、絶望し、否認し、怒りや悲しみが押し寄せ、自分の育て方が悪かったと後悔しました。夫が受診に抵抗を示したのも、本当は心配で、問題が現実になるのが怖かったためのようです。しかし、徹之を心の底から愛するためには、「ありのまま」を受容し、「健常児にしよう、健常児でないと価値がない」という親の価値観を変えるしかありませんでした。「治る・治らない」から「育つ・育てる」ことに視点を変え、「地域での自立を願って、成長を助ける」ことを子育ての方針にしたのです。障害があるままで幸せになる道を探そうと決心しました。

今も、知的障害を伴うASDと診断されている彼は、れっきとした障害者です。「明るく元気に働く大人になります」と自己決定して、公務員として働いています。本書は、その息子と日々を共にする中で、思いを育て、生活に最低限必要と思われるスキルを育むために工夫してきたことの記録でもあります。また、思いが育てば、自立への道筋がついていく、という証《あか》しでもあろうかと思っています。先に挙げた相談事例と徹之の場合の大きな相違は、「自己決定をしたかどうか」であるように思えます。

「自己決定」というのは、2000（平成12）年に社会福祉基礎構造改革でいわれた言葉ですが、その当時、保護者は「わが子は自己決定などできない」と言っていましたし、福祉現場の職員も「自己決定できないのに、どうして自己決定に基づく個別支援ができるのか」と、皆「できない、できない」と言いました。しかし、私は徹之を育てながら、「選択をすることを積み重ねていけば、自己決定はできる」と実感していました。それで「自己決定はできる」と、選択（選ぶこと）の大切さを保護者や職員に説明していきました。

誰も最初から自己決定はできませんから、幼児期からの手助けが不可欠になります。社会的障壁の除去を行い、合理的配慮を行ったうえで、本人の意思を固めてもらい、行動してもらうための支援、すなわち「意思決定支援」がキーワードになります。親はじめまわりの人が「こうすればできる」と特性を理解することでしょう。

徹之は自分で自分の進路の選択を、しかも「高校受験」であるとか「公務員試験を受ける」というような、能力から考えると到底不可能な選択（自己決定）をしました。これは、もし親がそのように言ったら、きっとまわりからは「お母さんそんな高望みをして、子どもに無理強いして」ということで、本当に非難されたと思います。でも、私ですら不可能と思う進路を彼は自分で決めたのです。自分で決めた以上、すごく努力をしました。その努力する姿にまわりがほだされて、支援の輪が広がり、高校の受験でも公務員試験でも、その高いハードルをクリアしました。鍵は自己決定、そして本人のまわりに「知って理解して支援する人」がどれくらいいるかです。

「自己決定できる人に育てる」、これが子育てや教育の目的ではないかと考えています。思い（意思）を育てて成長したら、「福祉は思い（自己決定）に寄り添う支援」と法律でも書かれています。子育てや教育の期間に思いを育てて、自己決定できる力を育むことが大事かと思っています。思いが育った子は必ず自立をします。その思いを育てるためには「家庭教育」と「学校教育」のあり方が大事だと思います。また自立するのは本人ですから、まわりはエンパワメント支援をすることですね。子育ては「子どもの成長を助ける」ことと思っています。

徹之の成長を助けてくださった、多くの方に感謝して、この本のあとがきにいたします。

また、最後になりましたが、遅々として進まない筆に辛抱強くつきあい、すてきな本に仕上げてくださった本の種出版編集部の小林恵子さんをはじめ、本づくりに協力してくださった皆様に、心より感謝します。

「糸賀一雄記念賞」受賞の連絡を受けた秋に

明石洋子

著者紹介

明石洋子（あかし　ようこ）

社会福祉法人あおぞら共生会副理事長、一般社団法人川崎市自閉症協会代表理事（川崎市自閉症児親の会会長）、NPO かわさき障がい者権利擁護センター理事長。そのほか、社会福祉法人や NPO 法人等の理事・評議員、川崎市の障害者施策審議会委員等も務める。1946 年埼玉県生まれ。九州大学薬学部卒業。製薬会社、医薬品卸会社等勤務を経て現職。薬剤師・社会福祉士。

二児の母。長男徹之氏は知的障害のある ASD（自閉スペクトラム症）で川崎市職員。

2008 年に第 4 回ヘルシー・ソサエティ賞、2012 年に厚生労働大臣賞を、また 2017 年に、徹之氏と共に第 19 回「糸賀一雄記念賞」を受賞。

おもな著書に『ありのままの子育て一自閉症の息子と共に①』（ぶどう社、2002 年）、『自立への子育て一自閉症の息子と共に②』（ぶどう社、2003 年）、『お仕事がんばります一自閉症の息子と共に③』（ぶどう社、2005 年）などがある。

発達障害の子の子育て相談①

思いを育てる、自立を助ける

2017 年 11 月 2 日　初版第 1 刷発行

著　者　明 石 洋 子

発行人　小 林 豊 治

発行所　本の種出版

〒 140-0013　東京都品川区南大井 3-26-5　3F

電話 03-5753-0195　FAX 03-5753-0190

URL http://www.honnotane.com/

本文デザイン　小林峰子

イラスト　林よしえ

DTP　アトリエ RIK

印刷　モリモト印刷

ISBN 978-4-907582-06-7

Printed in Japan

発達障害の子の子育て相談シリーズ

A５判・２色刷り・160 ～ 184 p

第１期

❶ 思いを育てる、自立を助ける

著者：明石洋子

❷ 就学の問題、学校とのつきあい方―恐れず言おう、それは「正当な要求」です！

著者：海津敦子

❸ 学校と家庭で育てる生活スキル

著者：伊藤久美

❹ こだわり、困った好み・癖への対処

著者：白石雅一

❺ 性と生の支援―性の悩みやとまどいに向き合う

編者：伊藤修毅　著者：“人間と性”教育研究協議会　障害児・者サークル

❻ キャリア支援―進学・就労を見据えた子育て、職業生活のサポート

著者：梅永雄二

第２期

❼ 片付け、整理整頓の教え方

著者：白石雅一

以下続々刊行予定